藏学大家小书

汉藏文化考述

王尧 著

中国藏学出版社

王尧（1928—2015） 江苏涟水人。先后就读于南京大学中文系、中央民族学院民族语文系藏语专业。曾任中央民族大学藏学研究院名誉院长、博士生导师，中国敦煌吐鲁番学会少数民族语言文字专业委员会主任，中国文化书院导师，中央文史馆馆员，中国佛教协会《法音》杂志编委，德国波恩大学《藏文历史文献》专刊编委等职。

王先生对藏族文化有长期的观察和宏通的识见。他结合田野工作和教学实践，撰写了十余部专著及百余篇论文，主编多部藏学研究丛刊，在藏语的分期和方言划分、古藏文文献的整理和译释、汉藏文化的双向交流轨迹、藏传佛教和汉藏佛学、藏族民间文学等诸多领域成就卓著。尤其是他将吐蕃时期三大藏文文献（敦煌写卷、金石铭刻、简牍文字）引入西藏古史研究，对吐蕃史、中亚史及相关领域起到了极大的推动作用。

王先生担任海内外多所著名大学的客座教授，以不知疲倦的热忱投身于学术文化交流。他是最早活跃在国际藏学舞台的中国学者，而且是连续参加第3—10届国际藏学会的享有国际声誉的著名藏学家。

目　录

藏族翻译家管·法成对民族文化交流的贡献

一、管·法成小史考索

管·法成（vgos chos grub）是公元9世纪间一位藏族翻译家，出身于吐蕃贵姓管氏家族。这一家族在吐蕃地方政权里有过一些声势煊赫的人物，如墀都松芒保杰（khri vdus srong mang bo rje，676—704年）时的七大权臣之一，就是出自管氏家族，名叫管·雅琼（vgos gyag chung）；①《大臣遗教》所列吐蕃时期权贵名单中，管氏家族就占三人，他们是赤桑雅卜腊（khri bzang yab lhag）、杨贡喇嘛（yang gong bla ma）和拉卓（lha gro），而且赤桑雅卜腊还被列入七大元老勋臣名单之中，② 可见其地位之崇高。在《敦煌本吐蕃历史文书》P. T. 1287号中列为吐蕃赞普勋臣。③ 管氏家族食邑领地在后藏“茹拉下部”（ru lag smad）改札木（gad bkram）东岱。所谓gad bkram vgos kyi stong sde yin，就是说“改札木是管氏东岱也”。管氏家族的另一分支又在叶茹统领一个东岱，就是所谓yel rab brom steng vgos kyi stong sde yin，

① 《吐蕃王统世系明鉴》，德格版，第82页a。

② 《大臣遗教》ca函，第8页a；《遗教》总页码60a—b。

③ 《敦煌本吐蕃历史文书》赞普传记第2节。

意思是“叶若卜卓木顶是管氏东岱也”。① 总之，吐蕃六十一东岱里，管氏家族就占了两个。这一家族又出过几个显赫的学者，管·库巴拉则是著名的大译师，《集圣》《金刚空引四奉请》《大玛雅呼金刚》这三大怛特罗都是出自他的译笔。

及至15世纪，出现了一本史学名著《青史》（deb sngon，1478年成书），它的作者名叫薰奴贝（gzhon nu dpal），又名意桑则巴（yid bzang rtse pa），也是出于这一家族。所以人们称之为管洛·薰奴贝，意思是“管氏家族的译师薰奴贝”（洛，是lo tsa ba“译师”的缩称）。管·法成原籍后藏达那地方金谢村，现属日喀则市谢通门县仁钦孜区。看来就是叶茹范围内的那个“叶若卜卓木顶”千户所所在地。从地望上讲两者是相符的。法成成年以后辗转到了沙州（敦煌）。究竟是什么原因和怎样去的，现在已经不大清楚。由于整个河西走廊和安西四镇被吐蕃人完全控制以后，沙州已成为当时唐、蕃、回鹘和西域之间的交通要塞，经济、文化十分繁荣，不少藏族军队和居民在瓜、沙一带定居，跟当地原有的汉人、吐谷浑人、回鹘人在一块土地上生活。一批佛教学者也就到当时佛教文化中心之一的沙州来开展宗教、学术活动。法成给我们留下来不少工作成果，可以供我们探索。松巴堪布益西班觉所著《如意宝树史》大译师名单中，在“无分别”之后、“三大译师”（噶、交、襄）之前即是管·法成，名列第34位。萨迦文殊妙慧著《本续杂集目录》中，在前弘期译师、论师目次内列出管·法成、

① 《大臣遗教》ca函，第8页6/2。

管·林马二人。看来，佛教经典的研究者对管·法成是相当重视的。日喀则扎什伦布寺内有一幅丝绣唐卡（thang kha，轴画），即为“管氏译师之像”，据扎寺管理人员指认，即系管·法成。确否，尚有待进一步证实。①

法成到达沙州以后住在永康寺，开始了他的译经事业。《敦煌遗书总目索引》P. 2794号《大乘四法经论及广释开诀记》一卷，题记中写“大蕃国大德三藏法师沙门法成集”，末尾又题署“癸丑年八月下旬九日于沙州永康寺集毕记”。这个题记标明“大蕃国”和在“沙州永康寺”，那么必然是吐蕃人完全控制了沙州以后的事，也就是从沙州最后一次转入吐蕃人之手的781年到张义潮举瓜、沙等十一州归唐的848年之间的事②。在781—848年之间的癸丑，就只能是833年了。同时还可以举出一条旁证：《敦煌遗书总目索引》P. 2765号《甲寅年日历》，背后录愿文数篇，其中最有意思的是《大蕃敕尚书令赐大瑟瑟告身尚起律心儿圣光寺功德颂》一篇，下题“大蕃右敦煌郡布衣窦吴撰”。尚起律心儿是当时的赫赫重臣，823年在拉萨树立的《唐蕃会盟碑》上，作为吐

① 1978年笔者访问扎什伦布寺时，承寺内导游者尼玛杰伯见告，得以目睹这一幅唐卡，并摄有照片。唐卡下有一列藏文，题“达那管译师之像”云云。

② 关于沙州陷蕃年代，见《元和郡县志》卷40沙州条下“建中二年陷于吐蕃”；S. 788号《沙州地志》残卷记寿昌县“右汉龙勒县正光六年改为寿昌郡。武德二年为寿昌县，永徽六年废，乾封二年改为寿昌［县?］，建中初陷吐蕃，大中二年张义潮收复”。据此已知陷蕃年代应在781年（建中二年），张义潮举旗起义在848年（大中二年）。参见向达《罗叔言“补唐书张义潮传”补正》一文中的详细讨论。

蕃一侧的负责官员，他也参加了会盟，并在碑上署名落款。① 这时他在敦煌搞这个功德颂，也必然是在他长驻沙州统领东、北两道兵马之时的事情。那么，这个甲寅也就只能是833年（癸丑）的第二年，即834年。

P. 2404号《太玄真一本际经》卷第三，其背面为《六门陀罗尼经论》和《六门陀罗尼经论广释》，这都是法成的译品。尾题“癸丑年十月上旬八日，于沙州永康寺集译讫，故记之也”，也说明了这是法成在833年做出的另一件成就。

P. 2284号《大乘稻芉经随听手镜记》末有“净土寺藏经”印，又有“永康寺后辈法律比丘福渐受持，并兼通稻芉及坐禅，并具足义”等字样，福渐是在永康寺直接听法成讲述经论的人。P. 2245号《四分戒本疏》卷第三（沙门慧述）的末尾题“沙门福渐勘讫（墨书），寅年十月十一日比丘福渐详阅（朱书）”。这个寅年，似乎也就是834年（甲寅），说明福渐于834年在永康寺继续听法成讲经说法，听了《大乘稻芉经》，还做了笔记。

我们又从一些译品题记里知道，法成后来离开了沙州，到了甘州，住在修多寺。S. 1287号《诸星母陀罗尼经》，尾题：“沙门法成于甘州修多寺译。”S. 5010号同一经卷，题记：“壬戌年四月十六日于甘州修多寺翻译此经。”据此，可以知道法成在842年（壬戌）已经到了甘州，住在修多寺，继续开展翻译经典的工作。P. 2073号《萨婆多宗五事论》一卷，上题“大蕃大德三藏法师沙门

---

① 参见《吐蕃金石录》所收《唐蕃会盟碑》北侧吐蕃官员与盟者名单。

法戒（当是成字，目录中误植）于甘州修多寺道场译”，卷尾题署“丙寅年五月十五日于大蕃甘州张掖县译”。可知846年（丙寅），法成仍在甘州译经。

唐宣宗大中二年（848年），张义潮举旗起事，联合当地各族人等，推翻了吐蕃奴隶主在沙州一带的统治。同时吐蕃本部的政局也发生了极大的变化。所有这些变化给各个阶层都带来一定的影响。法成作为吐蕃人统治时期的僧侣上层人物，可以想象到也会有所波及。这首先表现在他又从甘州西行，回到沙州；第二，从这以后他在译品题记中落款再不提“大蕃”二字，只署“国大德三藏法师沙门法成”。这可能是沙州在张氏领导下，已奉唐廷正朔，举起“大唐归义军节度使”的旗号，为了遵行功令，而做了更改。

法成回到沙州以后，住在开元寺，开讲《瑜伽师地论》。S. 5309号《瑜伽论》三〇卷，落款：“比丘恒安随听论本，大唐大中十一年岁次丁丑六月二十二日，国大德三藏法师沙门法成，于沙州开元寺说毕记。”表明857年法成已在沙州开元寺讲述《瑜伽论》。还有比丘明照等人记录在大中十二年（858年）、大中十三年（859年）法成继续开讲的记录。P. 4587号《诸星母陀罗尼经》，题记：“壬戌午四月十六日于甘州修多寺翻译此经，大中十一年阳英德书记。”似乎是把法成833年旧译稿，在857年再次由阳英德其人重新记录；也可能是法成此时在开元寺讽诵此经，由阳英德书而记之。

总之，直到公元859年以前，还可以见到法成活动的踪迹。从这以后，就没有他的消息了。

日本上山大峻对于管·法成的事迹做了很多可贵的

探讨，但是他认为管·法成就是 P. 4660 号《吴和尚邈真赞》中的吴和尚。这一点，我却不敢苟同。前面，我已把管氏家族在吐蕃的社会地位、家世渊源做了一个概述，同时还指出管·法成的出身籍贯。他只能是藏族，绝不会是汉人。吴和尚是汉僧，原籍山西而流寓河西，与法成并非一人。上山大峻氏主要依据是 P. 4660 号《吴和尚邈真赞》，那么，我们也来看看这份文献：

大唐沙州译经三藏大德吴和尚邈真赞

军事判官将仕郎守监察御史上柱国张球撰

大哉辩士　为国鼎师　了达玄妙　峭然天机

博览犹一　定四威仪　鹫峰秘密　阐于今时

西天轨则　师谓深知　八万既晓　三藏内持

桧叶教化　传译汉书　孰能可测　人皆仰归

圣神赞普　虔奉真如　诏临和尚　愿为国师

黄金百镒　驿使亲驰　空雪志理　浩然卓奇

自通唐化　荐福明时　司空奉国　固请我师

愿谈唯识　助化旌麾　星霜不换　已至无依

奈何损世　而弃厌离

法学弟子丝丘恒安题

这里的“圣神赞普，虔奉真如，诏临和尚，愿为国师”几句话，不过说明吴和尚的名气很大，连吐蕃赞普由于信仰佛教，也下了诏令，请他去担任国师罢了，并不能就此断言他是藏人。其实，在建中二年（781 年）以后，汉地僧侣到吐蕃去传布佛教的人前后相望，络绎不绝。汉僧在藏土者为数正复不少，吴和尚不过是其中之一而已。

二、管·法成译著目录

第一部分：由汉文译为藏文的经籍

1）འཕགས་པ་གསེར་འོད་དམ་པ་མཆོག་ཏུ་རྣམ་པར་རྒྱལ་བའི་མདོ་སྡེའི་རྒྱལ་པོ་ཐེག་པ་ཆེན་པོའི་མདོ།

vphags pa gser vod dam pa mchog tu rnam par rgyal bavi mdo sdevi rgyal po theg pa chen povi mdo/

（《金光明最胜王经》，汉文本系义净译，10 卷。）

1. 北京版方册本，第 7 函 p. 23—1—3，尾题：

zhu chen gyi mkhan po dang lo tsva ba bcom ldan vdas kyi ring lugs ban de chos grub kyis rgyavi dpe las sgyur cing zhus te gtan la phab pa/

（大校阅大德方丈翻译师、世尊之徒、沙门法成据汉文本译出并校阅勘定）

2. 德格版：据《藏文大藏经总目录》甘珠尔部，怛特罗部，第 555 号，即为此书。注明“汉文藏译”，且在卷首，标明汉语音译：“大—乘—金—光—明—最—胜—王—经”，译者：vgos chos grub。

3. 《伯希和劫经录》藏文部分：据《拉露目录》Ⅰ，499、500、502，三号均为此经写本。

2）འཕགས་པ་དགོངས་པ་ཟབ་མོ་ངེས་པར་འགྲེལ་པའི་མདོའི་རྒྱ་ཆེར་འགྲེལ་པ།

vphags pa dgongs pa zab mo nges par vgrel pavi mdovi rgya cher vgrel pa/

（《解深密经疏》，圆测撰，10 卷。）

1. 北京版方册本，第 106 函，p. 349—3—4，载：

vphags pa dgongs pa zad mo nges par vgrel pavi mdo rgya cher vgrel pa rgyavi slob dpon wen chig gis mdzad pa rdzogs so/

（《圣解深密经大疏》，汉大论师圆测造。）

dpal lha btsan povi bkav lung gis zhu chen gyi lo tsav ba dge slong vgos chos grub kyis rgyavi dpe las bsgyur cing zhus te gtan la phab pa/

（奉吉祥天赞普之诏命，大校阅翻译师、比丘管·法成据汉本译出并校阅勘定。）

2. 德格版：据《藏文大藏经总目录》丹珠尔部，经疏部，第 4016 号，标明“汉文藏译”，圆测造，vgos chos grub（管·法成）译。

圆测（613—696 年）是玄奘弟子，西明寺唯识派巨匠。玄奘译出《解深密经》，圆测就造了此疏，汉本已经佚失，所幸管·法成所译的藏文本保存完整，可以窥出原书全貌，不能不算汉藏文化交流史的一段佳话。

3）འཕགས་པ་ལང་ཀར་གཤེགས་པ་རིན་པོ་ཆེའི་མདོ་ལས་སངས་རྒྱས་ཐམས་ཅད་ཀྱི་གསུང་གི་སྙིང་པོ་ཞེས་བྱ་བའི་ལེའུ།

vphags pa lang kar gshegs pa rin po chevi mdo las sangs rgyas thams cad kyi gsung gi snying po zhes bya bavi levu/

（《楞伽阿波多罗宝经》《入楞伽经》）

1. 北京版方册本，第 29 函 p. 85—1—3，127—3—8，尾题：

dpal lha btsan povi bkav lung gis rgyavi slob dpon wen hwi yis mdsad pavi vgrel pa dang sbyar nas lo tsha ba dge slong vgo chos grub kyis bsgyur cing zhus/

（奉吉祥天赞普之诏命，取汉大论师圆晖所撰之疏相对，翻译师、比丘法成译出并校阅。）

2. 德格版：据《藏文大藏经总目录》甘珠尔部，经部，第108号，标明“汉文藏译”，vgos chos grub（管・法成）译。又：第107号，《入楞伽经》（vphags pa lang kar gshegs pavi theg pa chen povi mdo）亦标明“汉文藏译”。

3. S. 5603号，圆晖述《楞伽经疏》似为此书之写本流布于敦煌者。

4）འཕགས་པ་ལེགས་ཉེས་ཀྱི་རྒྱུ་དང་འབྲས་བུ་བསྟན་པ་ཞེས་བྱ་བ་ཐེག་པ་ཆེན་པོའི་མདོ།

vphags pa legs nyes kyi rgyu dang vbras bu bstan pa zhes bya ba theg pa chen povi mdo/

（汉本《善恶因果经》。）

1. 北京版方册本，第40函 p. 342—5—7，尾题：

zhu chen gyi lo tsva ba ban de chos grub kyis rgya gar dang rgyavi dpe las bsgyur cing zhus te gtan la phab pa/

（大校阅翻译师、沙门法成取梵、汉两本译出并校阅勘定）

2. 德格版：据《藏文大藏经总目录》甘珠尔部，经部，第354号，标明“汉文藏译”，chos grub（法成）译。

5）མཛངས་བླུན་ཞེས་བྱ་བའི་མདོ།

mdzangs blun zhes bya bavi mdo/

（汉本《贤愚经》，13卷，元魏慧觉等译。）

1. 北京版方册本，第40函 p. 54—5—1，123—2—4，

佚译者名。

2. 德格版：据《藏文大藏经总目录》甘珠尔部，经部，第341号，标明“梵、汉两本藏译”，vgos chos grub（管·法成）译。

汉文本全69品，今取德格版藏文本相比勘，藏文本51品，汉文本中有18品未译成藏文。失译各品品次为：

七：须阇提缘品

十六：大光明王始发道心

十七：摩诃斯那优婆夷

二十八：五百盲儿往返逐佛

二十九：富那奇

三十：尼提度

三十八：盖事

四十：阿难总持

四十一：优婆斯兄所杀缘品

四十二：儿误杀父

四十三：须达起精舍

四十四：大光明始发无上心

四十五：勒那阇耶缘品

四十六：迦毗梨百头缘品

四十七：净居天请洗浴缘品

五十七：波婆梨缘品

五十八：二鹦鹉闻四谛缘品

五十九：鸟闻比丘说法升天缘品

6）འཕགས་པ་གོ་ཆའི་བཀོད་པ་བསྟན་པ་ཞེས་བྱ་བའི་ཐེག་པ་ཆེན་པོའི་མདོ། འཕགས་པ་མངལ་དུ་འཇུག་པ་བསྟན་པ་ཞེས་བྱ་བའི་ཐེག་པ་ཆེན་པོའི་མདོ།

འཕགས་པ་བུ་མོ་རྣམ་དག་དད་པས་ཞུས་པ་ཞེས་བྱ་བའི་ཐེག་པ་ཆེན་པོའི་མདོ།

vphags pa go chavi bkod pa bstan pa zhes bya bavi theg pa chen povi mdo/

vphags pa mngal du vjug pa bstan pa zhes bya bavi theg pa chen povi mdo/

vphags pa bu mo rnam dag dad pas zhus pa zhes bya bavi theg pa chen povi mdo/

（《大宝积经被甲庄严会第七》，《大宝积经佛为阿难说处胎会第十三》，《大宝积经净信童女会第四十》）

1. 北京版方册本，第 22 函，p. 160—2—6，191—3—1，佚译者名（第七会）。

2. 德格版：据《藏文大藏经总目录》甘珠尔部，宝积部，第51号，标明“汉文藏译”，vgos chos grub（管·法成）译。

3. 那塘版：甘珠尔部 kha，标明 chos grub 译自汉本。

十三会：德格版：《藏文大藏经总目录》编号58；那塘版：甘珠尔部 ga。

四十会：德格版：《藏文大藏经总目录》编号84；那塘版：甘珠尔部 cha。

上两会均标明“法成译自汉本”。德格版并注：“大宝积经四十九会由梵、汉、于阗各本搜集译成云。”

7）འཕགས་པ་དུས་དང་དུས་མ་ཡིན་པ་བསྟན་པ་ཞེས་བྱ་བའི་མདོ།

vphags pa dus dang dus ma yin pa bstan pa zhes bya bavi mdo/

（《佛说时非时经》，若罗严译。）

北京版、德格版均失载，唯见于斯坦因劫走敦煌遗书藏文卷 34 尾题：

zhu chen gyi mkhan po dang lo tsa ba bcom ldan vdas kyi ring lugs ban de chos grub kyis rgyavi dpe las bsgyur cing zhus te gtan la phab pa/

（大校阅大德方丈译师、世尊之徒、沙门法成自汉本译出并校阅勘定）

8）འཕགས་པ་ཁར་སིལ་གྱི་མདོ། འཁར་གསིལ་འཆང་བའི་ཀུན་དུ་སྤྱོད་པའི་ཆོ་ག།

vphags pa khar sil gyi mdo/ vkhar gsil vchang bavi kun du spyod pavi cho ga/

（《锡杖经》，《执持锡杖普行轨则》）

1. 北京版方册本，第 39 函，p. 114，115。

2. 德格版：据《藏文大藏经总目录》，第 335、336 号，未注译者，《斯坦因劫经录》藏文卷 24 收录此经，尾题："大校阅译师、沙门法成自汉本译出并校阅勘定。"

9）འཕགས་པ་བྱང་ཆུབ་སེམས་དཔའ་སྤྱན་རས་གཟིགས་དབང་ཕྱུག་ཕྱག་སྟོང་སྤྱན་སྟོང་དང་ལྡན་པ་ཐོགས་པ་མི་མངའ་བའི་ཐུགས་རྗེ་ཆེན་པོའི་སེམས་རྒྱ་ཆེར་ཡོངས་སུ་རྫོགས་པ་ཞེས་བྱ་བའི་གཟུངས།

vphags pa byang chub sems dpav spyan ras gzigs dbang phyug phyag stong spyan stong dang ldan pa thogs pa mi mngav bavi thugs rje chen povi sems rgya cher yongs su rdsogs pa zhes bya bavi gzungs/

（《千手千眼陀罗尼》）

1. 北京版方册本，第 8 函，p. 110—2—6，123—5—8，尾题：

zhu chen gyi lo tsva ba ban de chos grub kyis rgyavi dpe las bsgyur cing gtan la phab pavo/

（大校阅翻译师、沙门法成自汉本译出并校阅勘定。）

2. 德格版：据《藏文大藏经总目录》，第 691 号，标明“汉文藏译”，chos grub（法成）译。

10）འཕགས་པ་སྤྱན་རས་གཟིགས་དབང་ཕྱུག་གི་གསང་བའི་མཛོད་ཐོགས་པ་མེད་པའི་ཡིད་བཞིན་གྱི་འཁོར་ལོའི་སྙིང་པོ་ཞེས་བྱ་བའི་གཟུངས།

vphags pa spyan ras gzigs dbang phyug gi gsang bavi mdzod thogs pa med pavi yid bzhin gyi vkhor lovi snying po zhes bya bavi gzungs/

（《观音陀罗尼经》）

1. 北京版方册本，第 8 函，p. 125—1—1，130—2—5，尾题：

zhu chen gyi mkhan po dang lo tsva ba bcom ldan vdas kyi ring lugs pa ban de chos grub kyis rgyavi dpe las bsgyur cing zhus te gtan la phab pavo/

（大校阅方丈大德翻译师、世尊之徒、沙门法成自汉本译出并校阅勘定）

2. 德格版：据《藏文大藏经总目录》，第 692 号，标明“汉文藏译”，chos grub（法成）译。

3.《敦煌遗书总目录索引》：S. 5598、2498《观世音菩萨密藏无碍如意轮心转陀罗尼》，即系此经汉文写本。

11）འཕགས་པ་ཞལ་བཅུ་གཅིག་པའི་རིག་སྔགས་ཀྱི་སྙིང་པོ་ཞེས་བྱ་བའི་གཟུངས།

vphags pa zhal bcu gcig pavi rig sngags kyi snying po zhes bya bavi gzungs/

（汉本《十一面神咒心经》，玄奘译。）

1. 北京版方册本，第 8 函，p. 131—3—3，134—5—6，尾题：

zhu chen gyi mkhan po dang lo tswa ba bcom ldan vdas kyi ring lugs pa ban de chos grub kyis rgyavi dpe las bsgyur cing zhus te gtan la phab pa/

（大校阅大德方丈翻译师、世尊之徒、沙门法成自汉本译出并校阅勘定）

2. 德格版：据《藏文大藏经总目录》，第694号，标明“汉文藏译”，chos grub（法成）译。

12）ཡི་གེ་བརྒྱ་པ་ཞེས་བྱ་བའི་རབ་ཏུ་བྱེད་པ་ཚིག་ལེའུ་བྱས་པ། ཡི་གེ་བརྒྱ་པའི་རབ་ཏུ་བྱེད་པ་རྣམ་པར་བཤད་པ།

yi ge brgya pa zhes bya bavi rab tu byed pa tshig levu byas pa，yi ge brgya pavi rab tu byed pa rnam par bshad pa/

（《百字论颂》《百字论释》）

1. 北京版方册本，失载。

2. 德格版：据《藏文大藏经总目录》，第3834号《百字论》，第3835号《百字论疏》，为阿难陀、称富智译，未说明自何种文字译出。

3.《斯坦因劫经录》藏文卷24有此经，尾题：

zhu chen gyi lo tsva ba ban de chos grub kyis rgyavi dpe las bsgyur cing zhus te gtan la phab pa/

（大校阅译师、沙门法成自汉本译出并校阅勘定）

可能有两种译本。

13）རྟེན་ཅིང་འབྲེལ་བར་འབྱུང་བ་ཚིག་ལེའུར་བྱས་པ་སུམ་ཅུ་པ།
རྟེན་ཅིང་འབྲེལ་པར་འབྱུང་བ་ཚིག་ལེའུར་བྱས་པ་སུམ་ཏུ་པའི་རྣམ་པར་བཤད་པ།

rten cing vbrel par vbyung ba tshig levur byas pa sum cu pa/

rten cing vbrel par vbyung ba tshig levur byas pavi rnam par bshad pa/

（汉本《缘生三十颂》，楞伽造，达磨笈多译。《缘生三十颂释》，楞伽造，不空译。）

1. 北京版方册本，失载。

2. 德格版：据《藏文大藏经总目录》，译名不同，第980、981号，译者不同。

3. 《斯坦因劫经录》藏文卷24录此经，尾题：

rten cing vbrel par vbyung ba tshig levur byas pa sum ju pa slob dpon ur lang kas mdsad pa rdsogs so/

（《缘生三十颂》，楞伽大师造。）

zhu chen gyi lo tsva ba ban de chos grub kyis rgyavi dpe las bsgyur cing zhus te gtan la phab pa/

（大校阅译师、沙门法成自汉本译出并校阅勘定）

14）འཇུག་པའི་སྒྲ་བརྒྱད་བསྟན་པ་ཚིག་ལེའུར་བྱས་པ།

vjug pavi sgra brgyad bstan pa tshig levur byas pa/

（《八转声颂》）

1. 《斯坦因劫经录》藏文卷625号录此经。

2. 《伯希和劫经录》藏文部分：《拉露目录》第1册，783号为此经写本。

3. 《敦煌遗书总目索引》：P. 2061号。

《八转声颂》，题记："国大德三藏法师法成译"字样，似乎表明汉文本也是法成所译。

藏文本尾题又作"法成译自汉本"。由此看来，汉本也有可能是"法成译自梵本"。这一推测是否可信，尚待证明。

第二部分：由藏文译为汉文的经籍

1）《般若波罗蜜多心经》

据《敦煌遗书总目索引》，P. 4882 号《般若心经》，尾题："大蕃国大德三藏法师、沙门法成译。"

据《敦煌劫余录》，别译《般若波罗蜜多心经》，李 53、始 55、海 77 等号均为此经，题"法成译"。S. 1251、1306、5447 诸号，亦为法成译此经。北京刻经处辑印的《心经七译本》中，就收有"国大德三藏法师、沙门法成译"本。另外六种是：

鸠摩罗什（344—413 年）译；

玄奘（649 年）译；

法月（653—743 年）译；

般若（790 年）译；

智慧轮（861 年）译；

施护（982—1017 年）译。

2）《诸星母陀罗尼经》

据《敦煌遗书总目索引》，S. 5010 号即为此经，尾题："沙门法成于甘州修多寺译"，"壬戌年四月十六日，于甘州修多寺"。藏文名为：

གཟའ་རྣམས་ཀྱི་ཡུམ་ཞེས་བྱ་བའི་གཟུངས།

gzav rnams kyi yum zhes bya bavi gzung/

载《斯坦因劫经录》藏文卷 334 号；伯希和藏文卷 410、411 号。

3）《萨婆多宗五事论》

据《敦煌遗书总目索引》，P. 2073 号即为此经，题："大蕃国大德三藏法师、沙门法成，于甘州修多寺道场译"，"丙寅年五月十五日，于大蕃甘州张掖县译"。

4）《菩萨律仪二十颂》

据《敦煌遗书总目索引》，P. 3950 号即是此经，题："赞多啰具名菩萨造，国大德三藏法师法成译。"

5）《释迦牟尼如来像法灭尽之记》

据《敦煌遗书总目索引》，P. 2136 号即是此经，题："国大德三藏法师、沙门法成译。"此书与 li yul lung bstan（《于阗授记》）、li yul chos kyi lo rgyus（《于阗教法史》）二书首尾相接。

第三部分：集录或讲述的经籍

1）《大乘四法经论及广释开决记》

据《敦煌遗书总目索引》，P. 2794 号即是此经，题："大蕃国大德三藏法师、沙门法成集，癸丑年八月下旬九日，于沙州永康寺集毕记。"

2）《大乘稻芉经随听手镜记》

据《敦煌遗书总目索引》，P. 2284、P. 2303，S. 1080，均为此经法成集本，题"大乘稻芉经随听疏"。P. 2303 号有题字"沙门法成译"，恐有误书。

3）《叹诸佛如来无染着德赞》

据《敦煌遗书总目索引》，P. 2886 号为此经，题"吉祥童子授草偈，国大德三藏法师法成述"。

4）《瑜伽师地论》讲义录

此经为法成在沙州开元寺讲述的主要经籍，汉文由听讲会众分别记录，录文极多，分别见于《敦煌遗书总目索引》之内，时间由唐宣宗大中九年（855 年）三月十五日起，直至大中十三年（859 年）岁次乙卯四月二十四日，中间长达四年有余；随听会众见于记录者有谈迅、论慧、法镜、洪真、恒安、明照、一真、智慧山等10余人。

从录文中多次出现“故蕃本云……”“若于蕃本……”等字样看来，法成讲述此论时以汉、藏两种文字对比，充分利用了其掌握两种文本的有利条件。

在《敦煌遗书总目索引》P. 3301号所录《瑜伽论汉藏对照字汇》一卷，最堪注意，可能就是在法成讲述此论时的产物。李方桂氏曾做过考证，见《通报》1961年，原题为 A Sino-Tibetan Glossary from Tun-huang，并附有对照字汇及索引。

附记：

这一题目原来是在1963年给藏文研究班同学讲述《藏文大藏经述略》一文中提出的，事隔十多年没有再去理它。最近见到日本上山大峻的新著《大蕃国大德三藏法师沙门法成的研究》，很受启发，颇多不谋而合之处。于是摭拾旧稿，草成新篇，作为中央民族学院校庆27周年学术报告会上的宣读文稿。文中采用了上山氏的一些研究成果，不敢苟同之处已如上述。由于上山氏的论文至今没有汉文译本，理合申明如上，以免掠美之嫌。1979年4月补记。

（原载《文物》1980年第7期）

《贤愚因缘经》藏文本及其译者小考

一

《贤愚经》又译作《贤愚因缘经》，国内有汉、藏、蒙古三种文字译本。[①] 在敦煌石室遗书中亦多有发现，经调查情况如下：（1）汉文：北京图书馆（今中国国家图

① 三种不同文本的《贤愚经》刻本情况如下：

（1）汉文本：《大正藏目录》本缘部，202号：《贤愚经》13卷，元魏慧觉等译。吕澂：《新编汉文大藏经目录》律部，088号：《贤愚经》15卷，元魏慧觉译，太平真君六年（455年）据《古今译经图纪》。梁僧祐：《出三藏记集》，天监九年至十七年（510—518年），作昙学、威德合译。金陵刻经处木刻本《贤愚因缘经》13卷，元魏沙门慧觉译。

（2）蒙古文本：《天清番经局目录》，蒙古文《贤愚经》4卷。未注明译经时代及译者，似据藏文译出。

（3）藏文本：布顿《布顿佛教史》（1322年成书）列为小乘经典，题名mdo mdzang blun。未标译者，但云系从梵文本及汉文本译出。木刻诸本有：那塘版（na）196B—464B，卓尼版（co）146A—334B，北京版（A、B）139B—302B，德格版（A）129A—298A，拉萨版（sa）207B—476B。均注明自汉文译出，译者为管·法成（mgo或mgos/chos grub）。但拉卜楞版，最为特别，声称据彭楚林版有52品（其他各版均为51品，其末品即为须阇提缘品），不著译者。

上述汉藏诸本分类不同，亦反映对此经认识上的差别。吕澂先生将其归入律部，藏文本归入小乘类，《大正藏》归入本缘部。金克木先生另有新的分类法，把它列入“宗教文学”一类，参见《比较文化论集》，第215—222页。

书馆）藏敦煌写卷来81、冬32、称95、潜87、师82、人11、文53等共7个卷号，皆为《贤愚经》残卷。S. 3693号《贤愚经》第四。P. 2105号《贤愚经》第十三，P. 2316号《贤愚经》第十一，P. 3312号《贤愚经》第一。日本大谷大学图书馆藏敦煌遗书0737号《贤愚经》第二（首尾缺），中村不折藏敦煌遗书0821号《贤愚因缘经》。① 以上汉文写卷《贤愚经》共13个卷号。（2）藏文：I. O. 217号《贤愚经》第二十三，I. O. 218号《贤愚经》第二十四。② P. T. 943号《贤愚经》第三十八至第四十九。③

匈牙利东方学家台也耶克曾就P. T. 943号《贤愚经》残卷进行研究，写过一篇名重一时的论文，发表在《东方学报》1969年第22期和1970年第23期。④ 他做了不少有益的探索，其主要成就在于：（1）弄清P. T. 943号残卷，除了部分缺佚以外，实际包含了《贤愚经》第三十八至第四十九，共11个品次。（2）取藏文木刻本的北京、那塘和德格三种版本与敦煌写本相较，发现并总结了敦煌写本若干正字法上的特点，以及正字法特点所反映的语音价值。（3）归纳出写本中梵文音译语词（人名、

---

① 参见王重民：《敦煌遗书总目录索引》有关各条。日本藤枝晃称日本所藏者为伪品。

② 威利布散：《印度事务部图书馆藏敦煌藏文写本目录》，1962年，第79页。

③ 拉露：《巴黎国家图书馆藏伯希和搜集的敦煌藏文写本目录》，第2册，1950年，第22页。

④ J. Terjēh, Fragments of the Tibetan Sutra of The Wise and the Fool, from Tun-Huang Acta Orientalia Academiae Scientiarum Hung-ricae, Tomus XXII, 1969, p. 334, 1970, pp. 55-83.

地名）的转写规则。（4）探讨再后加字、强音 da（即 da drag）对辅音韵尾的影响。（5）有关古藏语形态学问题。

台氏文章未及 I. O. 217、218 两个卷号的藏文写本内容，亦未能以藏文写本和藏文木刻本与汉文刻本相互对勘、比较，似嫌不足。在此前后，日本的高桥盛孝写过两篇关于《贤愚经》的介绍文字，即《藏汉文本〈贤愚经〉》（1963 年）和《藏汉对译〈贤愚经〉》（1969 年），惜未见。笔者不才，取汉文金陵刻经处刻本与藏文拉卜楞寺刻本比较：知汉文 69 品、藏文 51 品、阙译 18 品，而品次排列亦有参差。下面是两种文本的对照目录及阙译的品次目录：

藏　文	汉　文
1. dpe sna tshogs bstan pavi levu/	杂譬喻品第一（梵天请法六事）。
2. sems can chen pos stag mo la lus sbyin pavi levu/	摩诃萨埵以身施虎缘品第二。
3. kun tu rgyus tshul khrims bsrungs pavi levu/	梵志受斋缘品第三。
4. lus btsongs te mchod pa byas pavi levu/	波罗柰人身贸供养缘品第四。
5. rgya mtshovi lhas dris pavi levu/	海神难问船人缘品第五。
6. lhavi bu gang gavi da ra zhes bya bavi levu/	恒伽达缘品第六。
7. rgyal po gsal gyi bu mo	波斯匿王女金刚缘品第八。

rdo rjevi levu/	
8. gser dbyig gi levu/	金财因缘品第九。
9. lhavi me tog gi levu/	华天因缘品第十。
10. lhavi rin chen gyi levu/	宝天因缘品第十一。
11. bzod pavi levu/	羼提波罗因缘品第十二。
12. rgyal po byams pavi stobs kyis sbyin pavi levu/	慈力王血施缘品第十三。
13. ston pa drug btul bavi levu/	降六师缘品第十四。
14. gcan gzan kun tas lus sbyin pa byas pavi levu/	锯陀身施缘品第十五。
15. rab tu byung bavi yon tan bsngags pavi levu/	出家功德尸利苾提缘品第十八。
16. dge tshul gyis tshul khrims bsrungs pavi levu/	沙弥守戒自杀缘品第十九。
17. khyim bdag dbang po med pavi levu/	长者无耳鼻舌缘品第二十。
18. dbul mos ros byin pavi levu/	贫人夫妇𣰽施得现根缘品第二十一。
19. bran g·yog dbul mos kav tyav ya na la dbul btsongs pavi levu/	迦旃延教老母卖贫缘品第二十二。
20. gser lhavi levu/	金天缘品第二十三。
21. rigs gnyis pavi levu/	重姓缘品第二十四。
22. rgyal po zla vod kyis mgo byin povi levu/	月光王头施缘品第二十六。

23. blon po ri dwags kyi bu bdun gyi levu/ 梨耆弥七子缘品第三十三。
24. ka pin chen povi levu/ 大劫宾宁缘品第三十一。
25. dge slong ma sud pavi levu/ 微妙比丘尼缘品第三十二。
26. rgyal po shu do la gar nivi levu/ 设头罗健宁缘品第三十四。
27. rgyal po a sho kavi levu/ 阿输迦施土缘品第三十五。
28. gser gyi bum pavi levu/ 七瓶金施缘品第三十六。
29. tham ze mo bde bavi levu/ 差摩现报缘品第三十七。
30. sbyin pa chen po rgya mtshor zhugs pavi levu/ 大施抒海缘品第三十九。
31. rgyal po mo long gdong gi levu/ 摩诃令奴缘品第四十八。
32. legs tshol nyes tshol gyi levu/ 善求恶求缘品第四十九。
33. rgal bu dge don gyi levu/ 善事太子入海缘品第五十。
34. khyim bdag sdums byed gyi levu/ 五百盲儿往返逐佛缘品第二十八。
35. rgyal po mig vbyed kyi levu/ 快目王眼施缘品第二十七。
36. mi gdung pa sor vphreng can gyi levu/ 无恼指鬘缘品第五十一。
37. dbul mo bsnyon dgav 贫女难陀缘品第五十三。

	movi levu/	
38.	ba shi tsir gyi levu/	婆世踬缘品第六十六。
39.	khyim bdag dbyig pa can gyi levu/	檀腻䩭缘品第五十二。
40.	bram ze shi tsir zhes bya bavi levu/	师质子摩头罗瑟祯缘品第五十四。
41.	khim bdag dan byi li zhes bya bavi levu/	檀弥离缘品第五十五。
42.	glang po skyong gi levu/	象护缘品第五十六。
43.	bram ze lnan pa phul bavi levu/	梵志施佛衲衣得授记缘品第六十二。
44.	sangs rgyas thog ma byams pavi sems bskyed pavi levu/	佛始起慈心缘品第六十三。
45.	rgyal po spyi bo skyes kyi levu/	顶生王缘品第六十四。
46.	bu ma su ma navi bu bcuvi levu/	苏曼女子缘品第六十五。
47.	au pa ku ba tavi levu/	优婆鞠提缘品第六十七。
48.	ngang pa lnga brgya lhar skyes pavi levu/	五百雁闻佛法生天缘品第六十。
49.	seng ge yid dam brtan zhes bya bavi levu/	坚誓狮子缘品第六十一。
50.	srin buvi rgyu bstan pavi levu/	汪水中虫缘品第六十八。
51.	dge sbyong kyun te zhes	沙弥均提缘品第六十九。

bya bavi levu/

根据藏汉两种刻本对勘，可知以下几点：

（1）I. O. 217 号敦煌写卷是 ka pin chen povi levu（汉文本：大劫宾宁缘品第三十一），I. O. 218 号是 blon po ri dwags kyi bu bdun gyi levu（汉文本：梨耆弥七子缘品第三十三），而 P. T. 943 号则为藏文刻本第 38—49（相当于汉文本第六十六、五十二、五十四、五十五、五十六、六十二、六十三、六十四、六十五、六十七、六十和六十一，品名请查阅上列子目即可对照），共 12 个品次。

（2）藏文本（包括敦煌写本在内）的目次顺序，与汉文本不一致，前后放置，颇多捍格，看来藏译本是逐品译出后，自行排列，未按汉文本顺序。

（3）藏文本阙译 18 个品次，目录如下：

1. 须阇提缘品第七（彭楚林刻本有此品，作尾跋文）；

2. 大光明王始发道心缘品第十六；

3. 摩诃斯那优婆夷缘品第十七；

4. 散檀宁缘品第二十五；

5. 富那奇缘品第二十九；

6. 尼提度缘品第三十；

7. 盖事因缘品第三十八；

8. 阿难总持缘品第四十；

9. 优婆斯兄所杀缘品第四十一；

10. 儿误杀父缘品第四十二；

11. 须达起精舍缘品第四十三；

12. 大光明始发无上心缘品第四十四；

13. 勒那阇耶缘品第四十五；
14. 迦毗梨百兴缘品第四十六；
15. 净居天请洗浴缘品第四十七；
16. 波婆梨缘品第五十七；
17. 二鹦鹉闻四谛缘品第五十八；
18. 鸟闻比丘说法生天缘品第五十九。

究竟什么原因未能全译，已不可知，需要有更多的资料来求证。

二

佛教是拥有广大信众的宗教，在民间有深厚的基础。佛陀本人很喜欢接近群众，一贯地把自己的主张向周围所接触到的群众宣传。同时，在与信众接触中也得到支持和精神鼓舞，得到感情上的交流。在佛陀涅槃以后，这一传统又为他的弟子们大大地发扬。举凡诗歌吟诵、故事讲述，都被佛教徒吸取用为宣讲佛陀理想的形式。随诗歌的韵律和故事情节的逐步展开，暗暗地就把佛陀的道德原则和行为规范与人类关系的理论结合起来，教诲信众了。可以说佛经中所宣讲的故事，或者用诗歌形式表现的故事，无不蕴孕着佛陀的智慧和光辉。

《本生经》《譬喻经》和其他杂经一类的故事，大都体现了佛陀关心他人幸福、自我克制的崇高目的。当然，这些故事取譬往往来自古代印度的神话，其中不乏婆罗门、天神、魔怪等名目乃至战争、嫉恨、瘟疫、野兽等等苦难。《贤愚经》中的故事就是这一类故事的结集，其通俗性、文学性正符合《毗尼母经》卷 8 之中所记佛陀的主张,[1] 巴利文佛经中也有相似的记载。[2]

《贤愚经》既译为藏文之后，在藏区广为传播，影响至巨。最为明显的，莫过于对藏戏发展起了推动作用。肇始于13世纪之间的藏戏，其保留的传统戏目中直接取材于《贤愚经》者有三：（1）《敬巴钦保》（sbyin pa chen po）：实为《贤愚经》“大施抒海缘品”（汉文本第三十九，藏文本第三十）的改编。(2)《絮贝旺秋》(bzod pavi dbang phyug)：实为《贤愚经》“羼提波罗因缘品”(汉文本第十二，藏文本第十一）的改编。(3)《岱巴登巴》(dad pa brtan pa)：实为《贤愚经》“善事太子入海缘品”（汉文本第五十，藏文本第三十三）的改编。[3]

其次，见于宗教活动者。肇始于公元1399年正月初一至十五日的祈愿法会，先在山南精其寺，后移拉萨大昭寺的传召大法会，又称“祈愿大法会”（smon lam chen mo)，为格鲁派祖师宗喀巴（1357—1419年）大师首创。实系根据《贤愚经》第一品（汉藏文本同）梵天请法六事、调伏外道六师的故事而兴。这一法会，一直延续至今，成为藏传佛教一大盛会。王森先生认为：宣传戒律，兴复旧寺，举行法会，对团结蒙藏僧众、宣传

---

① 《毗尼母经》卷8：“有二比丘，一名乌磋陀，二名三摩陀，来到佛前口.‘诸比丘有种种姓，种种国土人出家，用不正音，坏佛义，愿世尊听我用阐提之论，正佛经义’。佛言：‘我法中不贵浮华之言语，品质朴不失其义，令人受解为要。’”见于《大正藏》第24卷，律部三，1463号。

② 佛陀说：“我允许你们，比丘呀，用［你们］自己的语言来学习佛所说的话。”转引自季羡林：《原始佛教的语言问题》，中国社会科学出版社，1985年，第15页。

③ 参见拙作：《藏剧故事集》附录，西藏人民出版社，1980年。

佛教道理起了很大作用。①

第三，以《贤愚经》故事为材料而创作的佛画、唐卡（thang kha）和壁画，不胜枚举。②

三

至于《贤愚经》的翻译问题，汉文本有元魏慧觉等译之说，见诸刻本。③ 僧祐《出三藏记集》所记，言其始末，则为昙学、威德等于于阗国大寺遇般遮于瑟之会，所讲经律，各书所闻，还至高昌，集为一部。凉州沙门慧朗命以此名。④ 所以，被认为“贤愚因缘经本无梵文原本，实为支那僧徒游学中亚时听讲之笔记撰集而成”。⑤ 此书既无梵文本，乃汉土僧人各就所听故事纂集而成。藏文本上的梵文译名亦系根据汉文转译，迨无可疑。故“慧觉等译”之说不可信，或谓慧觉之名系昙学之讹。

藏文译自汉文，已成定论。有人指为译自“梵汉两种文字”，⑥ 恐系误会。也许从书名上看，有梵文标题

① 王森：《宗喀巴传论》《宗喀巴年谱》，载《西藏佛教发展史略》，中国社会科学出版社，1997 年。

② 刘艺斯：《西藏佛教艺术》，文物出版社，1957 年；西藏自治区文管会：《西藏唐卡》，文物出版社，1985 年；文金扬：《藏族佛画木刻选》，文物出版社，1957 年。

③ 《大正藏》第 4 卷本缘部下，202 号，《贤愚经》13 卷，元魏慧觉等译；金陵刻经处刻本，元魏沙门慧觉译，13 卷。

④ 陈寅恪：《童受喻鬘论梵文残本跋》，《金明馆丛稿二编》，上海古籍出版社，1980 年，第 208—209 页。梁僧祐：《出三藏记集》卷 9。

⑤ 陈寅恪：《莲花也尼出家因缘跋》附注一，《金明馆丛稿二编》。

⑥ ［日］宇井伯寿等编：《西藏大藏经总目录》，甘珠尔，正藏 No. 341，《贤愚经》（梵汉两本藏译）。名著出版株式会社，1970 年。

Damamukonamasutra 而作此想。其实，如伪经《楞严经》系乾隆时译为藏文，[①] 而藏译本前赫然冠以梵文经名，其实乃是藏土译者自汉文推译为梵，不足为据。

《贤愚经》藏文译者法成（chos grub），又称管·法成（vgos 或 mgo/mgos chos grub），为公元8—9世纪之间在敦煌出现的最有影响的翻译家和佛教学者。关于他的事迹和成就，以陈寅恪先生的译论为最明白，以其业绩比之于玄奘法师。[②] 近年来日本上山大峻、旅法华裔学者吴其昱及笔者都有专文论及。[③]

---

① 吕澂：《楞严百伪》，载《中国哲学》第2辑，1980年。陈寅恪《童受喻鬘论梵文残本跋》："又如楞严经者，此土伪经，乾隆时译为藏文，而此藏文译本其经名亦有梵文音译。……实不足为藏文别有一本译自梵文之证。"

② 陈寅恪：《大乘稻芊经随听疏跋》云：法成"其人为吐蕃沙门，生当唐文宗太和之世，译经于沙州、甘州。其译著之书，今所知者，中文则有敦煌石室发见之《大乘稻芊经随听疏》《般若波罗蜜多心经》《诸星母陀罗尼经》《瑜伽论附分门记》《萨婆多宗五事论》《释迦如来像法灭尽之记》《叹如来无染着功德赞》等。藏文则有西藏文正藏中之《善恶因果经》、义净译《金光明最胜王经》重译本，及关于观世音菩萨神咒三种（柏林图书馆所藏西藏文正藏目录，第123页第5号、第124页第1号及第5号）等。""夫成公之于吐蕃亦犹慈恩之于震旦；今天下莫不知有玄奘，法成则名湮没者且千载，迄至今日，钩索故籍，仅乃得知。"见于《金明馆丛稿二编》，第254—255页。陈氏文中还列举伯希和、羽田亨、石滨纯太郎诸氏对法成事迹的考证文字。见于JA. Ⅱ卷1941年第4期；《史林》第8卷第1号；《支那学》第3卷第5号。

③ 上山大峻：《大蕃国大德三藏法师沙门法成的研究》，《东方学报》第38—39册，1967、1968年。此文对法成之译著事业，做了极为详尽的搜寻考证。文中作者第一次提出法成为汉人，吴姓，是继承昙旷的传统把唯识宗的教理导入敦煌发扬光大的大师。他的论文受到戴密微（P. Demiéville）的赞扬，为"才华横溢的论文"。参见戴氏的论文：《敦煌学近作》，耿昇译，载《敦煌译丛》，甘肃人民出版社，1985年。

吴其昱：《大蕃国大德三藏法师法成事迹考》，载《讲座敦煌7：敦煌与目前为止，讨论的焦点集中在“法成其人是汉人还是藏人”的问题上，从这一问题又派生出来“法成—吴和尚—洪辩”的关系。上山大峻认为法成是汉僧，管·法成即是吴和尚（或作吴法成）。管（vgo）系汉姓吴的对音，而敦煌有名的吴和尚或以官称吴僧统者即是法成。马世长又提出吴和尚或吴僧统即是洪辩的新说。[①]苏莹辉、石璋如拿不定主意，认为洪辩可能是吴绪芝第三子，为吴僧统之讹。[②]这一问题发展得非常有趣：“管·法成是吴和尚”，“吴和尚（吴僧统）是洪辩”，依据 A = B，B = C，A = C 的公式，管·法成必然是洪辩。可是人们至今还未发现任何材料来证明管·法成即是洪辩。认为法成是藏僧的，首推伯希和，还有陈寅恪、姜亮夫、王重民、[③]吴其昱及笔者本人。陈寅恪说“夫成公之于吐蕃亦

（接上页）

中国佛教》，东京，1984 年。文中对上山氏的法成族别论点提出驳正。

王尧：《藏族翻译家管·法成对民族文化交流的贡献》，《文物》1980 年第 10 期。请参阅笔者的基本观点及材料。

① 马世长：《关于敦煌藏经洞的几个问题》，《文物》1978 年第 12 期。

② 苏莹辉：《论莫高窟七佛药师之堂非洪辩所开凿》，《敦煌学》第 4 辑，1979 年。石璋如：《关于藏经洞的几个问题》，《大陆杂志》第 2 辑特刊，1962 年；《敦煌千佛洞遗碑及其相关的石窟考》，《历史语言研究所集刊》第 34 本上册，1962 年。

③ P. Pelliot, Journal Asiatique, Serie 2, Tome 4, p. 143. 陈寅恪：《大乘稻芊经随听疏跋》；又见《斯坦因 khara-khoto 所获西夏文大般若经考》中云：“考唐代吐蕃翻译经大德法成译义净中文本《金光明最胜王经》为藏文。”见于《金明馆丛稿二编》，第 190 页。姜亮夫：《莫高窟年表》833 年（唐文宗太和七年，癸丑）条：“吐蕃大德法成，甚出经论于沙州，亦一代高僧。”王重民：《记敦煌写本的佛经》，载《敦煌遗书论文集》下编，第 301 页。

犹慈恩之于震旦”，亦非溢美之誉。

简短的结论：敦煌本藏文《贤愚经》有三个卷号I. O. 217、I. O. 218和P. T. 943，包括14个品次，译自汉文。译者为管·法成，系9世纪的藏族翻译家及佛教学者。关于他的事迹，已经有国内外多位学者做了十分有益的探讨，日益明朗。

附记：

关于藏汉佛典的对勘校读问题，笔者亦多有着意。曾先后撰写《般若波罗蜜多心经》《金刚经》《大乘无量寿宗要经》《佛说阿弥陀经》以及《大宝积经》的举要文章，分载《西藏研究》1989年3、4期，1990年2、4期，以及《汤一介先生75周年华诞暨从教50周年纪念文集》（北京大学出版社，2001年），感兴趣者可以参阅。

（原载王宗维、周伟洲编：《马长寿纪念文集——纪念马长寿教授诞辰85周年逝世20周年》，西北大学出版社，1993年。）

吐蕃时期藏译汉籍名著及故事

概　述

中华民族屹立在亚洲的东方，生生不已，绵绵不断，自强不息，普化四方，历经沧桑之变，受尽人间风雨。近百年来，列强入侵，屡遭恶运，备受欺凌，但却能如凤凰涅槃，常保其美妙之青春，实因中华文化为迄今世界上最古老而具有生命力的文化。其自我调整、自我涤新的机能固然重要，而生活在中华大地上的各民族之间，文化孳乳、繁衍，相互吸收、融合，乃孕育出多元一体格局的中华文化，成为巩固中华各民族的纽带，更是历史主流也。

本篇以汉族和藏族中流传的文学故事来阐明这个事实：(1）汉族中“孔子与采桑娘”和藏族中“七试婚史·巧穿九曲明珠”的故事。(2）汉文中“孔子师项托”和敦煌藏文中“孔子项托相问书”的故事。(3）汉文《史记·平原君列传》和敦煌藏文中“自我推荐”的故事。以此三个故事来比较、勘合，不难发现汉、藏两大民族文化上的交融、吸收是历史的事实。有如长江、黄河，均发源于高原，联系着汉、藏两族人民，血肉相连，休戚与共。

公元7世纪中叶，在我国西南边疆建立的吐蕃王朝，是藏族建立最早的政权，它存在了200余年。藏王松赞干布（srong btsan sgam po，？—650年）在位时，“尚公主，夸后世”，唐朝文成公主下嫁藏王的故事，成为藏族人民世代传诵的盛事。与此有关的唐、蕃文化交流的一系列内容，为我们今天研究汉、藏关系史提供了非常宝贵的资料。《新唐书·吐蕃传》：“（贞观）十五年，妻以宗女文成公主，诏江夏王道宗持节护送，筑馆河源王之国。弄赞（松赞干布）率兵次柏海亲迎。见道宗，执婿礼恭甚。见中国服饰之美，缩缩愧沮。归国，自以其先未有婚帝女者，乃为公主筑一城以夸后世，遂立宫室以居。公主恶国人赭面，弄赞下令国中禁之。自褫毡罽，袭纨绡，为华风。”更为重要的措施是，“遣诸豪子弟入国学，习《诗》《书》，又请儒者典书疏”。我们可以从敦煌吐蕃文书写本中，发现一些可贵的资料，证明唐人这一段记载的真实可信。松赞干布本人派遣豪酋子弟到长安学习，主要是学习唐朝礼仪、典章制度。而学习的成果之一，就是把汉文史籍文献译为藏文。现存的藏文《尚书》《战国策》《史记》等残卷及藏译汉族故事文本，即为重要之例证。

关于《尚书》《战国策》的藏文译文残卷，笔者已分别撰有专文讨论。在此需要进一步指出的是：从《尚书》的藏文译文来看，可以毫不夸大地说，这是汉籍《尚书》译成其他文字的第一次，也就是至迟在公元9世纪以前，藏文译本已存在于天地之间，于此足见藏族学者的智慧、才华和识见。吐蕃豪酋子弟在长安国子学读书，取得的成绩是值得称颂的。《唐诗纪事》中，就记载了藏族年轻学者明（名）悉猎以柏梁体在殿上参与联句的佳话。其才思之敏捷，文学功底之深厚，都很了不起。如今，我们见到《战国策》的藏译文残卷出现于敦煌石窟，那就毫不足怪了。这说明当时吐蕃朝野上下，学习汉文化的风气十分浓郁，效果也相当显著。现仅就《史记》“毛遂自荐”段落的翻译、《孔子项托相问书》以及“蚁穿九曲明珠”的故事三个例证，分别论述于下。

一、《史记》“毛遂自荐”段落的翻译

请看汉文经典性的史学、文学名著《史记》中的一个最富于戏剧性的“毛遂自荐”段落，是如何被译成藏文，又改编成吐蕃历史故事的。

《史记》卷76《平原君列传》中，有一段为人传诵的美谈。原文如下：

> 秦之围邯郸，赵使平原君求救，合纵于楚，约与食客门下有勇力文武备具者二十人偕。平原君曰：“使文能取胜，则善矣。文不能取胜，则歃血于华屋之下，必得定从而还。士不外索，取于食客门下足矣。”得十九人，余无可取者，无以满二十人。门下有毛遂者，前，自赞于平原君曰：“遂闻君将合纵于楚，约于食客门下二十人偕，不外索。今少一人，愿君即以遂备员而行矣。”平原君曰：“先生处胜之门下几年于此矣？”毛遂曰：“三年于此矣。”平原君曰：“夫贤士之处世也，譬若锥之处囊中，立末立见。今先生处胜之门下三年于此矣，左右未有所称诵，胜未有所闻，是先生无所有也。先生不能，先生

留。”毛遂曰：“臣乃今日请处囊中耳。使遂蚤得处囊中，乃颖脱而出，非特其末见而已。”平原君竟与毛遂偕。十九人相与目笑之而未废也。毛遂比至楚，与十九人论议，十九人皆服。

下面接着叙述平原君与楚王的外交活动，楚王对合纵的方略犹疑不决，表现出大国主义者的傲慢。毛遂就在这一关键时刻，挺身而出，挟制楚王，痛陈利害，楚王口服心服，乖乖地参与歃血盟誓，办成了合纵抗秦的一件外交大事。“毛遂自荐”也就成为一则表现智慧、机智和勇于自我推荐的成语。

吐蕃的学者们既然熟悉汉文典籍，对《史记》也自然不会陌生。至今，虽然我们在敦煌吐蕃文书中还未发现像《尚书》《战国策》那样的《史记》译文，但是在《敦煌本吐蕃历史文书》中，却发现藏族学者十分熟练地运用了这一故事。这是 P. T. 1287 号《赞普传记》第 4 节中的一段：

后，于达布（dags po，地名，今工布达布地区）地方，有已入编氓之民户谋叛。赞普（松赞干布之父囊日松赞）与诸大论相聚而议降服达布王：谁人堪充任将军？时，有名为参哥米钦（seng ge mi chen，意为参哥氏大人物）者，自告奋勇，应声而起，曰：“不才堪充此任！”琼保·邦色（khyung po spung sad，大臣之一）曰：“尔往昔曾充任此将军之职乎？若谓聪明俊哲之士有如毛锥，置于皮囊之中，尔出任悉囊纰巴（snam phyi pa，官名）一职，已经多年，吾未闻有人赞尔能胜此任者。尔实不堪当此大任也，……”米钦曰：“众人未曾称美于不才，信然！往昔，吾［有如毛锥］未处于皮囊之中以露锋芒者，亦信然也。设若往昔，吾处于皮囊之中，别说锋刃外露，连锥柄以下早已出露于外矣，遑论锋刃?！故于今日吾能有所启请也。”

后，赞普竟依米钦所请，授以征讨达布、抚绥编氓之将军之职。米钦乃克达保王，收抚达保全境。为赏米钦之功勋，乃将“赛孔日乌垓”（gser khung revu rgal，金矿小山，地名）之民众与牧户悉数赐予之，大野牦牛饰以银角，人众咸赞美称颂。歌云：

参哥米钦者，
征达布森堡寨，
以长矛一刺，
获得全部牧场，
曲岩松赞独自一人，
成出类拔萃之英勇好汉，
一日之中，
能杀达布百人！

以上《史记·平原君列传》中的毛遂与《敦煌本吐蕃历史文书》中的参哥米钦，平原君与赞普，楚王与达布王，都一对对整齐地对等排列。故事中的对话所引述的“毛锥”与“革囊”，又是完全同一模式。其中心思想是，有才有识的志士，不惜自荐来发挥自己的才干，报效恩主，又是亦步亦趋地步调一致。人们不难看出这种因缘契合，是《史记》传播的影响所致。

若是我们稍微站得高点看，《敦煌本吐蕃历史文书》

有《大事纪年》《赞普传记》《小邦邦伯家臣表及赞普世系表》等组成。这种体制高度完备的史部著作的出现绝非偶然，不能不承认它是以《史记》为代表的内地发达的史学，对吐蕃起了良好的借鉴作用。从中也可以了解，吐蕃人如何从中原文化中吸取了充分的营养来丰富本身的学术园地。

应该提到，1982 年 7 月在美国哥伦比亚大学召开第三届国际藏学研究讨论会时，日本京都的留美青年学者武内绍人（Tsuguhito Takeuchi）就曾以 A Passage from the Shih Chi in the Old Tibetan Chronicle（《古代吐蕃编年史中出自〈史记〉的一个段落》）为题，撰写了一篇极有趣味和见解高超的论文。他在文中也确认《史记·平原君列传》的“毛遂自荐”故事传播到了吐蕃，从而构成吐蕃编年史的一个段落。他认为：“古代藏族人民对汉族历史编纂学的了解程度，要比以前人们所设想的广泛得多，一个富有经验的文学史学派，乃至编撰敦煌吐蕃历史系年的作者群，在那时已经形成。”①

在那次会上，我曾与武内先生交换了意见，当时他还没有见到拙译汉文本《敦煌本吐蕃历史文书》。我把我的看法和比较的结果告诉了他，并请他注意即将出版的《藏族文学史》中我的见解。② 1985 年在日本京都，1992 年在北欧挪威法根尼斯，又两次与武内先生相遇，非常

① 刊于 Soundings of Tibetan Civilization（《西藏文明论集》），新德里：Manabar 出版社，1985 年，第 135—146 页。

② 1959—1964 年，我参加了第一到第四稿的调查、收集资料和编写，后来因为某种人所共知的政治原因，被摒于编写组之外，但我写的文字仍保留在该书中。

愉快地回顾大家不约而同的共识。虽不敢妄称“英雄”，但“所见略同”却是事实。

像《尚书》《战国策》《史记》等史籍在藏族地区流传的文化交流，在当时也并不是为所有人接受的共同认识。这里我们不妨看看唐廷官员们对于将汉文经典著作传送到吐蕃一事，所经历的一场有趣的辩论。开元十九年（731 年）辛未，唐“遣鸿胪卿崔琳使于吐蕃。……吐蕃使者称公主求《毛诗》《春秋》《礼记》”。本来吐蕃人用金城公主的名义求几种要籍的官定正本，是一种十分友善的表示。但唐廷一位名叫于休烈的官员，为宰相于志宁的孙子，思想比较保守，对此却大加反对，上疏以为：

> 东平王汉之懿亲，求《史记》、诸子，汉犹不与。况吐蕃国之寇仇，今资之以书，使知用兵权略，愈生变诈，非中国之利也。

于氏这种文化闭关主义的理论是站不住脚的，他把汉朝成帝时东平王宇来朝，上疏求诸子及《太史公书》一事与此相提并论。当时汉成帝以此事问大将军王凤，王凤却说：“诸子书或反经术、非圣人，或明鬼神、信物怪。《太史公书》有战国纵横权谲之谋。汉兴之初，谋臣奇策，天官灾异，地形厄塞，皆不宜在诸侯王，不可与。”这是汉代统治者企图用愚民政策来壅塞人们的智慧和谋略，极其可笑。到了唐代，于休烈仍死抱着闭门锁国的老例不放，连皇帝也感到不合适，就把他的疏子和此事“下中书门下议之”。裴光廷是比较开明的人士，他和他的同僚的奏请得到了皇帝的认同：

吐蕃聋昧顽嚚，久叛新服，因其有请，赐以《诗》《书》，庶使之渐陶声教，化流无外。休烈徒知《书》有权略变诈之语，不知忠、信、礼、义，皆从《书》出也。”上曰：“善。”遂与之。

依当时的情况看，吐蕃的态度是诚恳的，学习的热情是认真的，唐朝也是比较合作的。这就是我们今天能见到唐代的《尚书》《战国策》的藏文译本，和《史记》毛遂故事翻版的原因吧！这一段著名的辩论，见载于《资治通鉴》卷213“开元十九年”条，同样内容又见于《册府元龟》卷320《宰辅部·识见》。

二、《孔子项托相问书》

在敦煌石室遗书中，有一则《孔子项托相问书》的故事，汉、藏文写本共19个卷号。汉文写本共16个卷号：（1）英国不列颠图书馆藏6个卷号，即S.5529、S.5674、S.5530、S.1392、S.395和S.2941等号。（2）法国巴黎国家图书馆藏6个卷号，即P.3883、P.3833、P.3255、P.3754、P.3882等号和P.3883号的又一写本。[①]（3）俄罗斯圣彼得堡亚洲民族研究所藏3个卷号，即俄1481、俄2861和俄2862等号。此据孟西可夫《列

① 按P.3833号有一为册页本，计14页，每半页8—10行。第10页起抄《孔子项托相问书》，计4页，97行。P.3883号另一卷子本，计66行。

宁格勒亚洲民族研究所藏敦煌汉文写本解题目录》列出。(4) 据《敦煌遗书总目索引》第180页，散藏卷子0222号《孔子见项托》，即《李氏珍藏敦煌写本目录》所录。乃李木斋盛铎所藏者，后多售与日本人藤井。据饶宗颐《京都藤井氏有邻馆藏敦煌残卷记略》[①] 云“孔子项托问答文（有天福年号）藤井氏藏均无之”，则不知所在何处。

藏文本有3个卷号，分别藏于伦敦及巴黎：(1) I. O. 729号。(2) P. T. 992号。(巴黎出版的由麦克唐纳夫人和今枝由郎编选的《敦煌藏文写本选集》第1卷中未收。) (3) P. T. 1284号。(《敦煌藏文写本选集》第2卷中仅收2行，以下各行未见。)

汉文本有王重民、周一良、王庆菽、启功、向达、曾毅公等编选的《敦煌变文集》（上卷）卷3，收录了《孔子项托相问书》，并以11个汉文同类卷子相比较。文后附录了明刊本《历朝故事统宗》卷9中的《小儿论》一篇，其文字与《孔子项托相问书》十同八九；民国年间北京打磨厂宝文堂同记书铺新印的《新编小儿难孔子》一文，作为参考。王重民、周一良诸先生下了很大工夫，在文字考订和补正方面，颇见功效，值得一读。今转录其中《孔子项托相问书》于下：

昔者夫子东游，行至荆山之下，路逢三个小儿。二小儿作戏，一小儿不作戏。夫子怪而问曰：“何不戏乎?”小儿答曰：“大戏相煞，小戏相伤，戏而无功，衣破里

① 载《选堂集林》，台北：明文书局，1982年，第998—1007页。

空。相随掷石，不［如］归舂。上至父母，下及兄弟，只欲不报，恐受无礼。善思此事，是以不戏，何谓怪乎？”

项托有相，随拥土作城，在内而坐。夫子语小儿曰：“何不避车？”小儿答曰：“昔闻圣人有言：上知天文，下知地理，中知人情。从昔至今，只闻车避城，岂闻城避车？”夫子当时无言而对，遂乃车避城下道。遣人往问：“此是谁家小儿？何姓何名？”小儿答曰：“姓项名托。”

夫子曰：“汝年虽少，知事甚大。”小儿答曰：“吾闻鱼生三日，游于江海；兔生三日，盘地三亩；马生三日，趁及其母；人生三月，知识父母。天生自然，何言大小！”

夫子问小儿曰：“汝知何山无石？何水无鱼？何门无关？何车无轮？何牛无犊？何马无驹？何刀无环？何火无烟？何人无妇？何女无夫？何日不足？何日有余？何雄无雌？何树无枝？何城无使？何人无字？”小儿答曰：“土山无石。井水无鱼。空门无关。辇车无轮。泥牛无犊。木马无驹。斫刀无环。萤火无烟。仙人无妇。玉女无夫。冬日不足。夏日有余。孤雄无雌。枯树无枝。空城无使。小儿无字。”

夫子曰：“善哉！善哉！吾与汝共游天下，可得与否？”小儿答曰：“吾不游也。吾有严父，当须侍之；吾有慈母，当须养之；吾有长兄，当须顺之；吾有小弟，当须教之。所以不得随君去也。”

夫子曰：“吾车中有双陆局，共汝博戏如何？”小儿答曰：“吾不博戏也。天子好博，风雨无期；诸侯好博，国事不治；吏人好博，文案稽迟；农人好博，耕种失时；

学生好博，忘读书诗；小儿好博，笞挞及之。此是无益之事，何用学之！”

夫子曰：“吾与汝平却天下，可得与否？”小儿答曰：“天下不可平也。或有高山，或有江海，或有公卿，或有奴婢，是以不可平也。”

夫子曰：“吾以汝平却高山，塞却江海，除却公卿，弃却奴婢，天下荡荡，岂不平乎？”小儿答曰：“平却高山，兽无所依；塞却江海，鱼无所归；除却公卿，人作是非；弃却奴婢，君子使谁？”

夫子曰：“善哉！善哉！汝知屋上生松，户前生苇，床上生蒲，犬吠其主，妇坐使姑，鸡化为雉，狗化为狐，是何也？”小儿答曰：“屋上生松者是其栎（椽），户前生苇者是其箔，床上生蒲者是其席。犬吠其主，为傍有客；妇坐使姑，初来花下也；鸡化为雉，在山泽也；狗化为狐，在丘陵也。”

夫子语小儿曰：“汝知夫妇是亲，父母是亲？”小儿曰：“父母是［亲］。”夫子曰：“夫妇是亲。生同床枕，死同棺椁，恩爱极重，岂不亲乎？”小儿答曰：“是何言与！是何言与！人之有母，如树有根；人之有妇，如车有轮。车破更造，必得其新；妇死更娶，必得贤家。一树死，百枝枯；一母死，众子孤。将妇比母，岂不逆乎？”

小儿却问夫子曰：“鹅鸭何以能浮？鸿鹤何以能鸣？松柏何以冬夏常青？”夫子对曰：“鹅鸭能浮者缘脚足方，鸿鹤能鸣者缘咽项长，松柏冬夏常青［者］缘心中强。”小儿答曰：“不然也！虾蟆能鸣，岂犹咽项长？龟鳖能浮，岂犹脚足方？胡竹冬夏常青，岂犹心中强？”

夫子问小儿曰："汝知天高几许？地厚几丈？天有几梁？地有几柱？风从何来？雨从何出？霜出何边？露出何处？"小儿答曰："天地相却万万九千九百九十九里，其地厚薄，以天等同。风出苍吾（梧），雨出高处，霜出于天，露出百草。天亦无梁，地亦无柱，以四方云，而乃相扶，故与为柱，有何怪乎？"

夫子叹曰："善哉！善哉！方知后生实可畏也。"

夫子共项托对答，下下，不如项托；夫子有心煞项托，乃为诗曰：

孙景悬头而刺股，匡衡凿壁夜偷光。
子路为人情好用（勇），贪读诗书是子张。
项托七岁能言语，报答孔丘甚能强。
项托入山游学去，叉手堂前启娘娘：
"百尺树下儿学问，不须受记有何方。"
耶娘年老惛迷去，寄他夫子两车草；
夫子一去经年岁，项托父母不承忘。
取他百束将烧却，余者他日喂牛羊。
夫子登时却索草，耶娘面色转无光。
当时便欲酬倍价，每束黄金三锭强。
金钱银钱总不用，婆婆项托在何方？
"我儿一去经年岁，百尺树下学文章。"
[夫子当时闻此语，心中欢喜倍胜常]。
夫子乘马入山去，登山蓦岭甚分方。
树树每量无百尺，葛蔓交脚甚能长。
夫子使人把锹镬，撅着地下有石堂：
一重门里石师子，两重门外石金刚。
入到中门侧耳听，两伴读书似雁行。

夫子拔刀撩乱斫，其人两两不相伤；
化作石人总不语，铁刀割截血汪汪。
项托残去犹未尽，回头遥望启娘娘：
“将儿赤血瓮盛着，擎向家中七日强。”
阿娘不忍见儿血，擎将写（泻）着粪堆傍。
一日二日竹生根，三日四日竹苍苍。
竹竿森森长百尺，节节兵马似神王。
弓刀器械沿身带，腰间宝剑白如霜。
二人登时却觅胜，谁知项托在先亡。
夫子当时甚惶怕，州悬（县）分明置庙堂。

下面就谈谈藏文的《孔子项托相问书》卷子。法国苏远鸣教授（Prof. Michael Soymie）于1954年发表过一份《孔子项托的问答对话》,[①] 文中对《孔子项托相问书》英、法两国收藏的汉、藏文本进行了比较研究。尤其是他首先介绍了藏文本，引起了人们的普遍注意。我国学者冯蒸先生励志藏学，在“文革”劫难中仍锐意攻读藏文及英、法外文，曾多次把他在图书馆见到的新资料、新消息拿来与我磋商、研究，其中就有关于藏文卷子《孔子项托相问书》。他把卷子依藏文还译为汉文，进行详细的校订，撰成《敦煌藏文本〈孔丘项托相问书〉考》一文，先让我拜读。我当时身处逆境，极不自由，能有这样一位同道青年为友，空谷足音，跫然而喜。后来，他的文章在《青海民族学院学报》1981年第2期发

① L’entrevue de Confucius et de Hsiang To，刊《亚细亚学报》(Journal Asiatique) 第242期，第311—392页。

表，人们这才知道有这么一回事。冯蒸历尽苦难，后荣获文学博士学位，并晋为首都师范大学文学院教授。他虽已不再投入藏学研究领域，但他在那样困难的条件下所出版的《国外西藏研究概况》等书，至今还是人们手头必备的工具书。其功可佩，其志可嘉，其奋斗上进的精神更可学习。

下面，我们就把冯蒸据藏文译汉文的《孔子项托相问书》介绍给大家：

从前，孔子乘车东游，他在路旁遇见三个小孩。[其中] 两个在作游戏，一个却一点儿也不玩儿，而严肃地略带笑容。孔子问道："[你们] 这三个孩子，有两个高高兴兴地玩儿，而一个却一点儿不玩儿，带着严肃的面容，这是因为什么呢？"这个孩子说："我曾听说，二人高兴地玩耍，如果两个人闹急了，很有可能发生斗殴。假使发生了争吵，除了撕破衣服外，没有别的好处。况且他们彼此打伤了，一方面父母会有坏的名声，而另一方面父兄会遭到耻辱，因此我不参加游戏。"

孔子问道："孩子啊，这样年轻，你就懂得许多事情，这是从哪儿学来的呢？"孩子说："出生三天之后，龙子便在海洋里翻腾。小马生下三天之后，就能跑得很远。小兔生下三天之后，便能跑过视野的三倍。婴儿生下三月（天）之后，便认得父亲和母亲。事实就是这样，这又算得了什么懂得很多的事情呢?"

孔子说："善哉！善哉!"他问道："孩子啊，你是哪家的？你的姓名是什么?"孩子说："我没姓没名。"孔子说："什么人没有姓名？什么山没有石头？什么水没有鱼？什么人没有妻子？什么女人没有丈夫？什么树没有枝桠？什么牛没有犊？什么马没有驹？什么门没有门闩？什么车子没有轮盘？什么火没有烟？什么刀没有鞘？什么人没有姓名？”孩子说：“土山没有石头，井水没有鱼，化身修道的人没有妻子，玉女没有丈夫，土牛无犊，木马无驹，单身的旅客没有妻子，枯树无枝，剪刀无鞘，两个人抬着的车子（轿子）没有轮子，坟墓的门没有门闩，萤火没有烟，坟地的集市没有钱赚。我也是如此，没有姓也没有名。”

孔子说：“善哉！善哉！我的车子里有棋盘，我们俩一起痛快玩玩儿，可以不可以？”孩子说：“我曾经听说过，国王沉溺于此，百姓的事情就处理不公平了。公卿大夫沉溺于此，就不能风调雨顺。商贾沉醉于此，就会失信。要是农人沉醉于此，耕地和收获就错过了时间。商旅要是沉溺于此，就会遭受损失。幼童要是沉溺于此，就会在背上受到捶挞。所以我也不想和你一块儿玩儿。”

孔子说：“善哉！善哉！你愿意不愿意和我一块儿坐车周游列国？”孩子说：“我在家里有侍奉父母的重大责任。我不得不看守我严父的丧葬。我不得不担负对慈母的侍养。我有责任注意厉害的弟弟的抚育。所以我不能去周游列国。”

孔子说：“善哉！善哉！让我们秘密地结成盟兄弟吧。如果有酒喝的时候，我们要互相宴请；如果有打架的事，我们要彼此帮助。我们一起到处游逛，然后分手，如何？”孩子说：“喝酒喝长了，便会引起恶劣的名声；做打架的朋友，相随而至的怨恨便愈来愈大了。与其那样，不如远而避之。”

孔子说："夫妻或父母，谁是最亲近呢？"孩子说："父母亲。"孔子说："妻子亲。为什么说是妻子亲呢？因为活着的时候共床枕，死了以后同墓穴。"孩子说："父母亲可以比作什么呢？如树有根。妻子不亲可以比作什么呢？如车有轮。假如树根断了的话，一百个树枝就都干枯了。一个母亲若是死了，十个孩子就被遗弃在野地里了。假使旧的车子经过修理，就成为新的了。假使一个妻子死了，还能再娶一个贤惠的妻子。许许多多星星聚集在一起，也抵不上一个月亮的光明。从一个门进来的光亮，要超过六个天窗和窗户进来的光。同时，一根针能消耗上千束的线。朋友啊，所谓妻子亲、父母疏的说法，这在愚人傻子的王国才是如此吧？讲起父母的恩情是忘不了的。"

孔子说："好极了！好极了！我来对你说：［在这个世界上］，我和万物是从哪儿来的呢？谁是父亲？谁是母亲？谁是男人？谁是女人？什么是左？什么是右？［什么是外？什么是内？］风是从哪儿刮起来的？雨是从哪儿下来的？什么是高级？什么是低级？天和地之间有几千［里］？"孩子说："这么比较地问是没有意义的。天是父亲，地是母亲。太阳是丈夫，月亮是妻子。东方是右，西方是左。南方是外，北方是里。风是从昆仑山来的，雨是从东北山来的。富人是高级，穷人是低级。天与地之间相隔一亿零九百九十［里］。四方等成四角形。朋友啊，既然你是长辈，你前边对我讲的那些话是从何而来呢？"

孔子无言以对，便没有回答，把车子转了个方向。又走了三里路，在路上看见一个小孩儿在追赶打杀水鸟。

孔子把车拴起来，说道："你这个小孩，这个小水鸟并不吃五谷，它犯了什么罪呀，你要把它打死呢?"小孩回答说："朋友啊，你只知其一，不知其二。我听说，男孩到了十五岁，便能替他的父亲服兵役。女孩到了十岁，便能替她的母亲做饭。生下才八天的鸱鸟，便会把它的父母放在窝里喂食，用食物报答它母亲的恩。这个水鸟从它母亲的肚子里生出来时，和别的生物一点儿不一样，在把它母亲的肺和心吃了以后，才把它母亲的背弄破了生出来。它并不理会它母亲的死活，到树上乱叫去了。我并不是喜欢要吃肉，只不过是要把这个不孝的子孙杀死。"

孔子字字句句听得清清楚楚，他身上的汗像水一样流下来了。因为他被这个小孩奚落得不轻，把车子转了过来，又回去了。过了很多年，这才替他父母办了丧事，孔子也得到了一个大孝的名声。这个化身的小孩儿回答孔子的故事完了。

我们还知道，在藏族苯教古典经籍《钥匙》一书中，有孔子与恰·亢孜兰梅的对话记述，是旅法藏族学者桑木旦·噶尔梅先生介绍出来的。① 此外，我们还不能忘掉孔子在苯教众神殿中也有他的座位，被奉为神变之王。大家都已了解这些，那么，《孔子项托相问书》的故事能在藏族聚居地方流传，也就非常自然而合乎情理了。

---

① Samten G. Kamay, Agzermig Version of the Interview between Confucius and Phyva Kheng tse lanmed，《伦敦大学亚非学院学报》(BSOAS) 第 38 卷，1975 年，第 562—580 页。

关于《孔子项托相问书》卷子的研究，近年来又有新的发展，其最重要的有二：一是台湾中兴大学法商学院《法商学报》第 24 期 1990 年发表的郑阿财先生的《敦煌写本〈孔子项托相问书〉初探》一文，共分五章：(1) 序言：以往民间故事往往借助特定历史人物以表达人民的思想，因此故事中人物可能为历史上所实有的，而内容情节却非真实。《孔子项托相问书》将神圣不可亵渎的至圣先师孔子拿来调侃、揶揄，极尽丑化诬蔑之能事，其中原委值得探讨。(2) 写本及研究概述：又分两节，即写本概述与研究概述。(3) 故事之形成与流传：内分抄本与写作时代、故事之形成、故事之定型及故事之流传等四节。作者认为远在战国时代即已流行。引述俞正燮《癸巳类稿》中的《项橐考》、刘师培《左庵外集》中的《达芭党人考》、钱穆《先秦诸子系年》所附《项橐考》，颇详。(4) 故事盛行之因由：其一为六朝玄学兴起与儒学减弱；其二为唐代三教并行，佛道争胜。(5) 结语。文章长达 26 页，洋洋洒洒，广引诸书，考核周详，其结论虽不无可商之处，但也确实是一家之言。

第二篇为张鸿勋①《敦煌本〈孔子项托相问书〉研究》，刊于《敦煌研究》，1985 年第 2 期。张氏认为："唐代文学，包括主要属于这一时期的敦煌文学，表现了我们民族高度的智慧与巨大的创造力，不仅在我国文学史上占有极重要的地位，而且由于大唐帝国同周边各少

① 张氏另有《唐写本〈孔子与子羽对语杂抄〉考略》，《敦煌学辑刊》1984 年第 1 期；《〈孔子项托相问书〉故事传承研究》，《敦煌学辑刊》1986 年第 1 期。

数民族、东西方各国频繁的文化交往，因而对这些地区和民族的文学发展影响也很大。像唐朝与吐蕃，尽管由于双方统治者利益冲突，不时发生一些战争，但更多的是，两族人民长期和睦相处，友好往来，特别是正处于奴隶社会的吐蕃，深深受到汉族文化的熏陶，极大地促进了本民族的文学发展。”这是颇有见地的论述。

我们不妨从《孔子项托相问书》汉、藏两种文字比较和从民族文化交流的角度，来对上述诸家研究的结论作一次检讨：这一卷子主要是表彰项托的聪明、智慧和敏捷的才思、雄辩的口才。对孔夫子的不敬和揶揄，倒不会引起读者或听者的反感和沮丧。惟其如此，藏文本才会在众多内地民间故事中被选中并翻译，从而得到了广泛的流传。

三、“蚁穿九曲明珠”的故事

作为文化发展的历史动力，婚姻不仅仅是家庭构成的支柱，而且是民族与政治关系的补充和接触剂。在中国政治舞台上，婚姻更成为历代王朝摆弄得十分顺手的工具和筹码，这在汉、唐之间已臻于炉火纯青了。

松赞干布继承了父亲的余荫，登上赞普大位，把吐蕃奴隶制的军事部落联盟政体推向新的发展阶段，积极谋求更大的扩张的机会。尤其是能与大唐王室缔结亲密的政治联盟，莫过于通婚。贞观八年（634 年）、贞观十二年（638 年）松赞干布一再派遣使者入贡并求婚公主。经过一番推拒、复求，再推拒、再求的过程，最后，终于在贞观十四年（640 年）十月，“吐蕃赞普遣其相禄东赞献金五千两及珍玩数百以请婚，上许以文成公主妻之”。（《资治通鉴》卷195）这总算是终于迎合了吐蕃的好胜心理，因为“吐蕃闻突厥、吐谷浑皆尚公主”，强烈的民族荣誉感迫使他去追求大唐公主。文成公主入藏成了千古佳话，松赞干布不无自豪地说：“我祖、父未有通婚上国者，今我得尚大唐公主，为幸实多！”（《册府元龟》卷978）在藏族人民中间，诗歌、戏剧、壁画、雕塑，一直把文成公主入藏事当成取之不尽的题材。可以说，人们认为文成公主进藏带来的幸福，推动了藏族社会的发展。因而藏族人民调动一切艺术手法，来颂扬这一门婚事。当时曾有一首民歌，流传已久，最为深情。歌词说：

正月十五那一天，
文成公主答应来吐蕃。
莲花大坝不用怕，
有百匹善走骏马来接你；
高山连绵不用怕，
有百头力大犏牛来接你；
大河条条不用怕，
有百条黑色皮船来接你；
来到逻些的“望逻”渡口时，
有百艘马头木舟来接你；
来到逻些的“劳累”滩时，
有百辆双轮马车来接你；
来到逻些的“东直角”时，
有百名英武青年来接你；

来到“铜锣湾”的山嘴时，
有百名美丽姑娘来接你；
来到红山红宫时，
有百名亲信大臣来接你。
今天公主来到吐蕃，
好像狮子进入大森林，
好像孔雀飞落大平原，
好像不落的太阳升起，
吐蕃从此幸福又繁荣，
这是唐蕃友好的象征。
祝松赞干布身体健康，
祝文成公主平安吉祥，
祝吐蕃人民举部安乐，
今天真是三喜临门啊！

这民歌至今仍在藏族老艺人口中传诵。歌词经过一千多年的洗练，铸成如此高昂、开朗、热情、奔放的主旋律，它早已被历史学家吸收进入史册。在民间故事中，流传着为了迎娶文成公主，唐皇七试婚使（一说五试）的情节，其中第一试就是“蚁穿九曲明珠”，今引自《西藏王统记》。[①] 此书在藏文史部中极为重要，文字明快简洁，叙事颇具文采，可以作为佛教史家关于吐蕃王统记述的信实可靠之作。汉文有王沂暖、刘立千以及陈庆英、仁青扎西合译的三种译本，可见其受重视的程度。书中

① 又译名《吐蕃王统世系明鉴》，萨迦·索南坚赞著。作者1333年生于后藏夏鲁康赛，曾依止布顿大师，此书似应在1388年阳土龙年完成。

有这样的情节：噶尔·东赞（禄东赞）奉命到长安为赞普求婚，唐皇屡试婚使，最后噶尔·东赞胜利。现转引陈、扎合译本中有关这一段故事的文字如下：

其后，皇帝宣布说："我对你们各位婚使本无亲疏之别，只是想许给聪明敏捷的。现在通过斗智来决定。"于是，取出翠玉一颗，称为夏葛摩，大小如同一面小盾牌，宝光闪耀，有一孔在侧边，有一孔在正中，里面的孔道如像藤条一样曲折。又取出绫一匹，交给五家使臣，说："谁能把这匹绫穿过翠玉里面的孔道，即答应嫁公主给他家。"吐蕃以外的其他使臣都有势力，所以先由他们把玉取去。过了好多天，传来递去，谁也不能穿过，才交给大臣噶尔，说："我们怎么也不能穿过去，看你能不能。"这聪明的噶尔，事前已捕捉了一只汉地的蚂蚁，喂给它奶子，蚂蚁长到拇指般大小。于是用丝线拴在蚂蚁腰上，再将绫缎的一端缝到丝线上，然后，将蚂蚁放入玉的孔眼中，拿着绫缎往里吹气。由于气的逼催，蚂蚁就从侧边的孔里爬去，然后从蚂蚁腰上把丝线解下，缓缓抽过，绫缎即随着丝线从玉孔中穿过。大臣噶尔就对皇帝说："我们按你的规定完成，请把公主许给我们。"皇帝说："还要比试智慧。"……

下面又开始新的考试。这一则故事在另外几种藏文史籍，如《红史》（1393 年成书）、五世达赖所著《西藏王臣记》（1643 年成书）均有记载，说明它流传很广。

而且据君岛久子《关于金沙江竹娘的传说》① 提供的资料，日本《枕草集》中的“蚁道明神”故事，是唐王以五难题考试日本使者，其中难题之一是“七曲玉环”。在日本流传的弃老故事“年老智不衰”中，作为三难题之一，是用丝线穿过宝石的弯弯曲曲的小孔。在古印度的“佛本生故事”中，也有大致相同的羊毛线穿过八角形宝石的故事。

我们不妨把眼光再转向汉文化的文化库藏中去探索。远在唐以前，就有一部颇有趣味的民间故事、小说体的《冲波传》。其中有一则是：

孔子去卫适陈，途中见二女采桑。子曰：“南枝窈窕北枝长。”答曰：“夫子游陈必绝粮。九曲明珠穿不得，著来问我采桑娘。”夫子至陈，大夫发兵围之，令穿九曲珠，乃释其厄。夫子不能，使回，赐返问之。其家谬言女出外，以一瓜献二子。子贡曰：“瓜，子在内也。”女乃出，语曰：“用蜜涂珠，丝将系蚁，蚁将系丝，如不肯过，用烟熏之。”子依其言，乃能穿之，于是绝粮七日。②

又敦煌 P. 3821 号写卷《十二时》中有一曲子，也曾提及九曲明珠与采桑娘，这说明敦煌民间也在流传这一故事。曲辞是：

食时辰，夫子东行厄在陈，九曲明珠难可任，悔不

---

① 载《民间文学论坛》1983 年第 3 期。

② 事载《绎史》卷 81，《钦定四库全书》，商务印书馆本。

桑间问女人。①

“论十二时”中举出10个卷号，第8个即是“十二时行孝文，一卷，P. 3821号”。在郑阿财的论文《〈孔子项托相问书〉初探》中并有提及。林继富在《蚁穿九曲明珠故事源流探析》② 中，更把汉、藏两族中流传的这一故事，与印度、日本同一母题的故事联系起来，真令人大开眼界，增加了不少兴趣。

关于“蚁穿九曲明珠”故事，在唐代还有若干线索可寻。林继富的文章中就下了不小的工夫，探幽抉微，从唐人的诗赋中发掘出两条极为可贵的资料：

（1）王奉珪在他的《明珠里》诗中有句：

一丸则鹤赠于哙参，九曲乃蚁穿于夫子。

（2）杨涛有《蚁穿九曲明珠赋》：

蚁为质兮微渺，珠有窍而虚圆，苟一缕之是系，虽九曲而可穿。当通幽洞微，丝莫能贯；俾有条而不紊，蚁可先知。始蠢蠕以中出，稍连绵而外延。岂不以内彼鸿辉，曳兹纤缕，才容小往之径，乍见规行之迂。入惟追曲，穷荣质以诚难；途匪履端，观巧历历可数。宛转而进，萦纡是寻，似登折坂之峻，如出重泉之深。始九折以渐达，终一贯而克任。去似洞中，方游剖蚌之质；

① 王重民：《敦煌遗书论文集》，中华书局，1984年。

② 载《西藏民族学院学报》1991年第4期。

动殊床下，奚闻斗牛之音？是知圣者之使，宛如穷理，诚在小而罔遗，俾入微而有以。蚁周游而在内，进必束身；丝抽缕以贯中，屈如绕指。隔青荧而可见，如遥绕而未已。苟非委实而行之，安得茹柔而展矣？诘出若兹，周流出之。当曲转之中，才可容发；既旁通以后，亦既牵丝。苟柔弱之是引，则缭绕而奚辞？虽云曲径而入，终殊在垤之时。斯则贯累累而匪匹，达规规而如一。求蹊而投彼夜光，出室而曾非时术。兹虫也，小而近智，故可以穿无类之质。

这一回肠荡气的赋辞，不在于对民间“蚁穿九曲明珠”的故事的赞咏惊叹，而在于反映出在唐代“蚁穿九曲明珠”的故事也同样在骚人墨客中流传。这样，我们既然能够确知像《冲波传》的故事和王奉珪、杨涛等人的诗赋作品，都有“蚁穿九曲珠”的内容，与藏族中流传的一致，也就可以理解像杜甫那样的大诗人所吟咏的“似闻赞普更求亲，舅甥和好应难弃”（《近闻》）、“赞普多教使入秦，数道和好止烟尘”（《喜闻盗贼总退口号五首》）的心情了。

这说明了汉、藏人民之间的和好友情和文化交流，才是真正代表了历代人民共同的愿望。

（原载《水晶宝鬘——藏学文史论集》，台北：佛光文化事业有限公司，2000 年；此次结集，有部分删节。）

唐拨川郡王事迹考

——吐蕃大相禄东赞嫡孙仕唐故实

一、录　文

拨川郡王碑（张说奉敕撰）

珠玉无远，而驰辇乘辂之饰，宝也；松括（柏）无幽，而入殿登堂之构，才也。物贵其用，人亦如之。拨川王论弓仁者，源出于疋末城，吐蕃赞普之王族也。曾祖赞、祖尊、父陵，代相蕃国，号为东赞。戎言谓宰曰“论”，因而氏焉。公有由余之深识，日磾之先见，陋偏荒之韦毳，慕上国之衣冠。圣历二年，以所统吐浑七千帐归于我。是岁吐蕃大下，公勒兵境上，纵谍招之，其吐浑以论家世恩，又曰：“仁人东矣”，从之者七千。朝嘉大勋，授左玉钤卫将军，封酒泉郡开国公，食邑二千户。周语曰：犬戎树郭，守终纯固。今其俗犷而轻死，其法折而不挠，故前代无降人，中土无僮仆。自公拔身向化，守变华风，泽潞之间，始见戎州矣。若大河南胡苑，垧牧所利，每岁冰合，虏骑是虞，中军必谋于元老，上将固选于时杰。神龙三年，以为朔方军前锋游奕使。景龙二年，授左骁骑将军。开元五年，兼归德州都督使，皆如故。八年，本卫大将军改朔方节度副大使。公之理兵也，坚三革，利五刃，偶拳勇，齐力信，罚分甘苦，六辔如手掌，千夫一心，接獯猃犹蚊蚋，卧沙塞如衽席，荐居露食垂二十年，雨毕而成师，冰泮而休卒，塞气入于肌骨，夜霜出于发鬓，人不堪其勤，公不改其节。韩公之建三城也，公洗兵诺真之水，刷马草心之山，以为外厈，而版徒安堵；郑卿之和默啜也，公授馆李陵之台，致餥光禄之塞，以为内候，而宾至如归；九姓之乱也，公四月度碛，过白柽林，收火拔部帐，纳多真种落，弥川蒲野，怀惠志亡，汉南诸军，韪其计也；降户之叛河曲也，公千骑奋击，万虏奔走，戡翦略定，师旅方旋，而延陁跌复相啸聚，上军败于青刚岭，元师没于赤柳涧，公越自新堡，奔命寇场，赢粮之徒未满五百，凶丑四合，众寡万倍，公杀牛为垒，啖寇为饷，决命再宿，冲溃重围，连兵蹑踵，千里转战，合薛讷于河外，反知运于寇手，朔方诸军，壮其战矣！斫摩之奔也，邀于黑山口，覆其精锐；市惠之背也，追至红桃帐，掩其辎重。乳泊之会，劓兰池之狂胡；禾盘之役，缪方渠之逋寇。凡前后大战数十，小战数百，算无遗策，兵有全胜。是以六狄逃遁，三垂乂宁，声暴露于天下，业光辉于代载，信皇威之所加，亦武臣之力也。故锦衣宝玉，允答戎功，申第良田，丕承锡命，语其智效，未甚优宠，黄头黑齿，比价齐名。积战多疮，累劳生疹，恩命尚药，驰往诊之，晋竖已深，秦医无及，十一年四月五日，薨于位，享年六十。制：赠为拨川郡王。称故国，志其本也。太常议谥曰忠，由旧典昭其行也。长子卢袭官封、继事业，次子旧久，特拜郎将。十二年四月，诏葬于京城之南，怀远人也。大路鼓吹，介士龙旆，虎帐貔袭，封犛殉马，吉凶之仪举，夷夏之物备，长安令揔徒以护事，鸿胪卿序宾以观礼，哀荣之道极矣，君臣之义厚矣，有命国史，立碑表墓。吾尝同僚，敢昧遗烈，铭曰：

黄河接天　清海殊壤　举世安俗　拔俗谁放
倬哉论侯　利有攸往　奋飞横绝　搏空直上
以众疑塞　因敌立勋　吐蕃万户　今啸成群
精感天地　气合风云　既封酒泉　乃位将军
朔方阴塞　直彼玁虏　帝命先锋　阚如虓虎
山北加电　汉南击鼓　十数年间　耀国威武
我有师旅　将军掬之　我有边甿　将军育之
柳涧亡师　一剑复之　兰池叛胡　三战覆之
武节方壮　朝露不待　王爵送终　宿恩未改
时来世去　人物如在　铭勋谥忠　以告四海

二、解　题

上录《拔川郡王碑》，载唐《张说之文集》卷17。碑刻原石未见，碑文云“葬于京城之南”，依例似在长安南郊，但不知其确处，亦未见前人著录。此文出于张说之手，在当时可以说是很大的荣誉。据《新唐书》卷125张说本传：“说字道济，或字说之。集贤院学士知院事，右丞相兼中书令。开元十八年薨，年六十四。”“前后三秉大政，掌文学之任凡三十年。”“为文俊丽，用思精密。朝廷大手笔皆特承旨撰述”，“天下词人，咸讽诵之”，“尤长于碑文、墓志，当代无能及者”。谥封燕国公，史称张燕公。正是由于燕公主政时“尝同僚”，与论弓仁有所接触，比较了解其为人、身世。以其所长，撰文勒石，作为永久的纪念。

盛唐之季，由太宗和魏、房，玄宗和姚、宋等明君贤相制定了一系列开明的用人政策，知人善任，政宽人和，不拘一格地延揽人才，擢拔蕃将。一时，边鄙民族中的俊杰之士，草莽山泽里的豪雄之夫，争先恐后效命疆场，建立殊勋，标名丹阙，威震四海，成就大唐王朝的光辉事业。如李光弼、史大柰、契苾何力、黑齿常之、尉迟胜、裴玢、论弓仁等，均以少数民族苗裔，功业煊赫，位至将相。《新唐书》卷110为之辟专章立传，总名为“诸夷蕃将”。

传中的论弓仁，即碑文中的主人翁，系吐蕃大相禄东赞的嫡孙，大相论钦陵之子，论赞婆之亲侄。出身名门显贵，熟娴刀箭弓马。按《旧唐书·吐蕃传》所载：禄东赞父子兄弟，代相其国，专国政数十年，引起了赞普王室忌恨，酿成一场巨变。圣历二年（698年）随其叔父赞婆，率所部七千帐投唐，名震一时，誉满京师，成为当时轰动朝野的新闻人物。唐廷当然待以上宾，恩宠无比，接待礼仪规格之高，授与勋爵禄位之重，都是空前的，可以看出唐廷朝野重视的程度。而论弓仁归唐以后，历仕武后、中宗、睿宗至玄宗四朝，勋业彪炳，倚重当朝，或转战于朔方，或喋血于西域，“接玁狁犹蚊蚋，卧沙塞如衽席”。“荐居露食，垂二十年”。治军统旅，纪律严明，能达到“雨毕而成师，冰泮而休卒”的程度。“人不堪其苦，公不改其节”；“大战数十，小战数百，算无遗策，兵有全胜”。这样一位骁勇的蕃将，在《新唐书》中传文过于简约，每多阙漏，许多重要事迹，晦而不显，殊为可惜。今取此碑所记，参以《敦煌本吐蕃历史文书》(以下简称《敦煌文书》)、《贤者喜宴》等藏文史册，并以两《唐书》《册府元龟》《资治通鉴》有关史料相核，将其主要事迹，敷陈考订，以博读者一粲！

三、考 证

(一) 生卒年

据碑文，论弓仁薨于开元十一年（723）四月五日，寿六十（《新唐书》本传云寿六十六，不知其所本，今从碑文)。由此上推，当生于高宗龙朔三年（663)。时系吐蕃赞普松赞干布之孙芒松芒赞在位，其祖禄东赞正任大相，提兵远征吐谷浑之时。此时，噶尔家族也正处于兴旺鼎盛之期。按其本名应为噶尔·芒布支·论弓仁，藏文作 mgar mang po rje blon gung ring（663—723)。

(二) 家世

论弓仁源出于噶尔氏家族。噶尔藏文作 mgar(或vgar),《旧唐书》记为“娄”;《新唐书》作“薛”;《通典》作“辥”;《会要》作“築”；依李方桂先生意见，以辥字最为适宜。辥，《广韵》读若 ngât。藏文 mg－对汉文 ng－，－r 对汉文 －t，正合当时习惯。碑文中标明噶尔家族“出于吐蕃赞普王族”。这一说法或出有因，这一家族从来不与王室互通婚姻可为旁证。但其为王室一支，藏文诸书不载。《敦煌文书》大相位序表中列出，囊日松赞在位时，有噶尔·赤札考门任大相，为该族中秉政之第一人，或为东赞之祖。后又有噶尔芒相松囊任大相，或为东赞之父。又在《敦煌文书》小邦邦伯家臣世系表中，说明噶尔家族原为苏毗王森波杰之家臣。碑文中的“曾祖赞”就是禄东赞，据藏文史料看，辈分上错列了一代。

《旧唐书·吐蕃传》云：“禄东赞有子五人，长曰赞悉若，早死；次钦陵；次赞婆；次悉多干（于）；次勃论。及东赞死，钦陵兄弟复专其国。”

禄东赞（blon stong btsan）：全名为噶尔·东赞域宋（mgar stong btsan yul zung）。《旧唐书》称他“虽不识文记而性明毅严重，讲兵训师，雅有节制。吐蕃之并诸羌，雄霸本土多其谋也”。作为赞普的代表，吐蕃婚使，来长安迎文成公主至逻些，成为传颂千年的佳话。《旧唐书》还说太宗妻以琅邪长公主外孙女段氏，藏文史书《吐蕃王统世系明鉴》述其大意。他的主要政绩是扶持幼君、制订法律、定税赋、分桂庸（桂指武士阶层，庸指随军奴户）、查户口、立丁册、征服吐谷浑、用兵西域，成为吐蕃史上一代贤相。《敦煌文书》大事纪年、赞普传记有详细记载，今不赘引。《敦煌文书》载：及至兔年（高宗乾封二年，丁卯，667 年），大论东赞薨于“日布”（ris bu），患的是颈部痈疽之症。看来在 641 年至 667 年，25 年之间掌握吐蕃大政。东赞死后，大相一职便落到其子赞悉若手中。

赞悉若：东赞长子，《旧唐书》早死之说不确。其全名为噶尔·赞悉若·覃布（mgar btsan snya ldom bu），东赞死后掌政。由于东赞新死，幼君秉政，政局不稳，会盟事一直推迟到六年之后即鸡年（咸亨四年，癸酉，673 年），才由噶尔·赞悉若·覃布及其弟钦陵二人主持，召集于董噶之鹦鹉谷。事实上他们弟兄已牢牢地把大权掌握在手中了。676 年，赞悉若领兵赴突厥，拜命青海湖行军衙；并及时打击了政治对手麴氏家族，没收其全部财产。集会议盟事即由其兄弟一人负责。685 年（乙酉），赞悉若为芒辗达乍布仇杀而死于孙波河谷。同年，其弟论钦陵被任为大相。

论钦陵：全名为 mgar blon khri vbring btsan brod，应译为钦陵赞卓，禄东赞次子，论弓仁的生父。《资治通鉴》又记其名为“起政”，即 khri vbring 的不同译音也。《旧唐书·吐蕃传》：“仪凤四年（679）赞普卒，其子器弩悉弄嗣位，复号赞普，时年八岁，国政复委于钦陵。”看来，钦陵继承了乃父乃兄的遗绪，出任大相，同时掌握着兵马大权，兄弟子侄结成一个密密麻麻的网，盘根错节，左右着吐蕃政局。所以《旧唐书·吐蕃传》又说：“吐蕃自论钦陵兄弟专统兵马，钦陵每居中用事，诸弟分据方面。……其兄弟皆有才略，诸蕃惮之。”看来，钦陵是东赞诸子中最能干的一位。685 年接任大相之后，686 年立即继承父兄遗志，用兵于西域。《敦煌文书》载：“及至猪年（中宗嗣圣四年，太后垂拱三年，丁亥，687），……大论钦陵领兵赴突厥龟兹之境。”委托其弟噶尔·悉多于在家参加了三人主持的集会议盟，他还“平息大藏首次叛乱”。权势煊赫，令人生畏。这使赞普王室渐感不安。《旧唐书·吐蕃传》云：“圣历二年，其赞普器弩悉弄年渐长，乃与大臣论岩等密图之。时钦陵在外，赞普乃佯言将猎，召兵执钦陵亲党二千余人，杀之。”这就是吐蕃史上著名的由王室发动的一次政治行动。这次政变经过精心策划。694 年，论岩在赞普的安排下主持集会议盟。因为钦陵之弟噶尔·悉多于在这一年的征突厥战争中被粟特胡人所俘，出了问题。第二年，赞普本人亲自集会议盟，宣布钦陵另一弟弟赞辗恭顿（勃论）背叛，加以谴责，并公开宣读判处恭顿的诏文，于辗噶尔之江浦下诏杀之。696 年，由论岩单独主持集会议盟。697 年，政治气氛乌云密布。698 年冬，噶尔家族获罪。事实上，也就是正式把这几年紧锣密鼓经营的政变正式公之于众。第二年，清查了获罪家族之财产。也正如《旧唐书·吐蕃传》所载，赞普“发使召钦陵、赞婆等，钦陵举兵不受召。赞普自帅兵讨之，钦陵未战而溃，遂自杀。其亲信左右同日自杀者百余人”。[①] 噶尔家族遭此巨变，钦陵之弟赞婆就把担子肩起来。而且，审情度势，采取了断然与吐蕃王室决裂的行动。于是，如《旧唐书·吐蕃传》所云：“赞婆率所部千余人，及其兄子莽布支等来降。”

赞婆：赞婆之名只见于汉籍，而在敦煌文书及其他藏文史册中不载。可能是由于他投唐的行动，蕃人需要避忌，不肯列入史册。他的名字大概是叫噶尔·赞婆（mgar btsan ba）。原来是长期统兵专驻东境，控制着东线的战局。《旧唐书·吐蕃传》说他“三十余年，常为边患”。698 年来归时，“则天遣羽林飞骑郊外迎之，授赞婆辅国大将军，行右卫大将军，封归德郡王，优赐甚厚。仍令领其部兵于洪源谷讨击”。大概没有多久就病故了。《旧唐书·吐蕃传》云：“寻卒，赠特进、安西大都护。”

悉多于（《旧唐书》作悉多干，误）：全名为噶尔·悉多于日松（mgar sta gu ri zung），《敦煌文书》大事纪年 687 年中，第一次记录他作为负责集会议盟的三人中

---

① 值得一提的是，钦陵与唐元帅王孝杰尚书之间的对话，虽然是一篇民间文学作品，仍可一读。见于《敦煌文书》赞普传记第 10 节。

之一。当时，其兄钦陵正任大相。看来，钦陵有意安排这一位亲弟做他政治上的帮手，以便他本人集中力量去解决西域的战争。后来，这位悉多于也参加到安西四镇的争夺战当中去了。而且，不幸于694年，被粟特胡所俘。这一事件既使钦陵失去政治上的帮手，更成为反对派攻击的口实，作为摧灭噶尔家族的第一步行动。

勃论：可能是blon的音读，不应该是个人专名。禄东赞的这一儿子的事迹汉文失载，而在《敦煌文书》中有线索可寻。看来应该是噶尔·赞辗恭顿其人，藏文作mgar btsan nyen gung rton。藏文书中并没有用很多笔墨记录他的活动事迹，偏偏只在695年用突然的方式宣布他背叛，并受赞普亲自的谴责，接着在“鹿苑”议盟的集会上，赞普亲自宣读判处恭顿的诏文，而且立即杀于辗噶尔之江浦。看来，这是器弩悉弄赞普与论岩周密计划的第二步行动。可能此事发生之前，封锁消息极严，不让钦陵、赞婆等其他弟兄知道，接着又当众公布了罪状，取得舆论的支持，这样来造成无法挽回的既成事实。到这时，吐蕃王廷的政治风云已经越来越紧，火药味也越来越浓了。钦陵、赞婆虽然领兵在外，但失去了内应，失去了在本土的优势和支持，权力再大，也无法挽回这一局势。

这就是噶尔家族以大相之裔，投奔唐廷的政治的和社会的背景。吐谷浑部落七千帐，随之也投唐，可以看作吐蕃与其他部族之间的矛盾发展，也是王室的一次挫折。

（三）事迹

论弓仁以圣历二年（689年）来归，立即受到优遇，并能长期发挥其所长，在军事系统中任职，历有升迁。

直至开元十一年(723 年)病故,前后达 24 年之久。而且,在唐王室内部的派系、家庭纠纷冲突之中能超然物外,不受干扰,也是难能可贵的。兹据碑文将其事迹列表如下:

论弓仁仕唐事迹表

年 代	职务及爵位	年 龄	附 注
圣历二年(698 年)	左玉钤卫将军,酒泉郡开国公	36 岁	食邑二千户
神龙三年(707 年)	朔方军前锋游奕使	44 岁	当年改元景龙
景龙二年(708 年)	左骁骑将军	45 岁	
开元五年(717 年)	兼归德州都督使	54 岁	
开元八年(720 年)	本卫大将军改朔方节度副大使	57 岁	
开元十一年(723 年)	薨,制授拨川郡王	60 岁	长子袭官封

(四) 余绪

《新唐书》本传,只记其孙论惟贞之名。碑文中则并列其二子:论卢、论旧久。据汉文史料尚有一孙名论惟明出仕,可见其后裔仕唐,皆有所立,今排列于后:

长子:论卢,袭官封,继事业。

次子:论旧久,特拜郎将。

孙:论惟贞。《新唐书》有传,附弓仁传后。云:“名瑀,以字行。开元末,为左武卫将军。肃宗在灵武,以卫尉少卿募兵绥、银,阅旬,众数万。从还凤翔,迁光禄卿,为元帅前锋讨击使。战陕州,以功进殿中监。史思明攻李光弼于河阳,周挚以兵二十万阵城下,惟贞请锐卒数千,凿数门出,自旦及午,苦战破之。光弼表为开府仪同三司。光弼讨史朝义，以惟贞守徐州。贼将谢钦让据陈，乃假惟贞颍州刺史，斩贼将，降者万人。封萧国公，实封百户。光弼病，表以自代，擢左领军卫大将军，为英武军使，卒。”

孙：论惟明。《新唐书》卷110《裴玢传》：“玢初事金吾将军论惟明为傔力。德宗在奉天，以功封忠义郡王。从惟明镇鄜坊，署牙将。”可见论惟明曾任金吾将军，又出镇鄜坊。据《资治通鉴》卷228建中四年(783年)冬十月条:朱泚之叛,“邠宁留后韩游瓌,庆州刺史论惟明,监军翟文秀受诏将兵三千拒泚于便桥,与泚此遇于醴泉”。

根据这些记载，可知其后裔在唐廷仍然是官高爵显，备受优渥。这里还可以补充一条，据《敦煌文书》赞普传记第10节：

芒布支悉诺赞与巴策·野多日投唐之时，巴策·野多日高歌吟诵，歌云：

“……

妻子虽越过山头，

孩子还遗留在后。

［前年］早于去年啊，

老祖母将我搂于怀中，

母、妹伤心来送行。

来至大小宗喀，

……

余之属官长上，

是唐王三郎。

逃亡者之故乡是大唐!”

时，噶尔·芒布支之妻室属卢氏同时投唐……歌云：

“从辗噶尔达则，
一座铁样堡寨，
放出一只铁犬。
从玛地之‘滂扎’，
响起了海螺号角。
从美列朗玛，
金鹿受惊逃逸，
受惊的金鹿啊，
……
到啥卜钦贡拉山，
漫游到索高杂，
住宿在山顶上。
……
[忆前年早于去年]，
长官悉诺赞，
与唐王三郎二者间，
……
如若相拼多日也能克敌。
依而今来观看，
……
过去失和的唐王啊，
倒来解救了我们！”

这首歌可能是在论弓仁与其妻室属卢氏一同投唐以后产生的，属于追忆性质，所以出现“唐王三郎”（唐玄宗）这样的称呼。

四、笺　注

碑文中有若干用典及当时史实，笺出以供参考：

（一）由余之深识、日磾之先见

由余本晋人，亡入戎，能操晋言。闻秦缪公贤，使由余观秦。缪公与之语，以为贤，留而不遣，遗戎王以女乐而间之。后，由余降秦，为秦谋伐戎之策，益国十二，开地千里，遂霸西戎。事见《史记》秦本纪第五。

日磾本匈奴休屠王太子，字翁叔，没入官初为马监，汉武帝奇其貌，拜为侍中、驸马都尉、光禄大夫，数十年无过失，笃慎为帝所信爱，拜车骑将军。莽何罗谋反，日磾缚而诛之，以功封秺侯。武帝崩，与霍光同受遗诏辅政，卒谥“敏”，以休屠作金人为祭天主，故赐姓金氏。事见《汉书》本传。

（二）戎言谓宰曰论，因而氏焉

藏语 blon，音译为“论”，或“布论”，意为相、臣，以论为氏之说不确。

（三）韩公之建三城也

《新唐书》卷 111《张仁愿传》：仁愿华州下邽人，本名仁亶，以睿宗讳音近避之，神龙中进左屯卫大将军，兼检校洛州长史。先是贾敦颐尝为长史，有政绩，时人为之语曰：“洛有前贾后张，敌京兆三王。”仁愿于河北筑三受降城。以拂云为中城，南自朔方，西城南直灵武，东城南直榆林。景龙二年，拜左卫大将军，同中书门下三品，封韩国公。

（四）公洗兵诺真之水

《资治通鉴》卷 209 景龙二年（708 年）：以左玉钤

卫将军论弓仁为朔方军前锋游奕使，戍诺真水为逻卫（胡注：游奕使，领游兵以巡奕者也）。中受降城西二百里为大同川，北行二百四十余里至步越多山，又东北三百余里至帝割达城，又东北至诺真水。

（五）源出于疋末城

《通典》作疋播城，吐蕃古牙帐所在，今山南琼结县。古名 phying ba stag rtse。简称 phying ba，译为疋末。

（六）郑卿之和默啜也

默啜可汗（？—716 年），东突厥后朝可汗，唐封之为“特进、颉跌利施大单于立功报国可汗”。697 年，唐给以河曲六州突厥降户及种子、农具、铁等，社会生产力迅速发展。武后至玄宗间屡屡扰唐，拓地万余里，有兵 40 万，为颉利可汗以后最强盛时代。开元四年（716 年）大破拔野古，归途中为拔野古残众所杀。郑卿，不知何所指，待考。

（七）收火拔部帐，纳多真种落

《旧唐书·突厥传》：默啜妹婿“火拔颉利发石阿失毕率精骑围逼北庭。右骁卫将军郭虔瓘婴城固守，俄而出兵擒同俄特勤于城下，斩之，虏因退缩，火拔惧，不敢归，携其妻来奔。制授左卫大将军，封燕北郡王，封其妻为金山公主，赐宅一区，奴婢十人，马十匹，物千段。”

（八）降户之叛河曲

《旧唐书·突厥传》：“明年，十姓部落左厢五咄六啜，右厢五弩失毕五俟斤及子婿高丽莫离支高文简，跌跌都督跌跌思泰等各率其众，相继来降，前后总万余帐。制令居河南之旧地。……俄而降户阿悉烂、跌跌思泰等复自河曲叛归。”

（九）上军败于青刚岭，主帅没于赤柳涧

《旧唐书·突厥传》：“张之运既不设备，与降户战于青刚岭，为降户所败，临阵生擒知运，拟送与突厥，朔方总管薛讷率兵追讨之。”

（十）合薛纳于河外，反知运于寇手

《旧唐书·突厥传》：“朔方总管薛纳（薛仁贵子，字慎言，新旧《唐书》有传，附于仁贵传后），率兵追讨之，贼至大斌县，又为将军郭知运所击，贼众大溃，散投黑水呼延谷，释张知运而去。”

（十一）制赠为拨川郡王，称故国，志其本也

拨，古音作 puat，与 bod 的发音最为切近。故赠以拨川郡王，而且曰“称故国”，说明这里的“拨”即论弓仁的故国 bod 也。张说在碑文中用“拨”而不用“蕃”，可能是“蕃”(pian)在对音上距 bod 较远，而且有蔑称之意。按“拨”字古音读若 puat，是依据 B. Karlgren 的 Analytic Dictionary of Chinese and Sino-Japanese，第 867 页。

附记：

本文之成，参考了李方桂教授的《吐蕃大相禄东赞考》（1981 年，台北，抽印本）、佐藤长教授的《古代西藏史》（1959 年）、山口瑞凤的《吐蕃王国成立史》（1983 年）等研究成果。

（原载朱东润等主编：《中华文史论丛》第 35 辑，上海古籍出版社，1985 年。）

南宋少帝赵㬎遗事考辨

一、宋少帝—瀛国公—合尊大师事迹述略

元世祖至元十三年（1276 年）正月，伯颜丞相率蒙古大军，云集临安，南宋王朝无力抵抗，派宗室使节保康军承宣使赵尹甫和和州防御使赵吉甫“赍传国玉玺及降表诣（伯颜）军前”请降。二月，召“伯颜偕宋君臣入朝”。年甫 7 岁的南宋德祐帝赵㬎（又称少帝、幼帝、恭帝），偕母全太后及少数随侍离杭州北上。五月乙未，朔，“伯颜以宋主㬎至上都，制授㬎开府仪同三司检校大司徒，封瀛国公”。[①] 从此，宋朝的德祐皇帝就成了元朝

① 均见《元史》卷 9《世祖纪》，至元十三年该条下又附有宋德祐皇帝的降表。苏天爵编《国朝文类》卷 11，录有《降封宋主为瀛国公制》。这两份文献形成鲜明的对照。现分别录出供比较，可以看出元、宋双方的政治形势和精神状态。

降表：“大宋国主㬎，谨百拜奉表于大元仁明神武皇帝陛下：臣昨尝遣侍郎柳岳、正言洪雷震捧表驰诣阙庭，敬伸卑悃，伏计已彻圣听。臣眇焉幼冲，遭家多难，权奸似道，背盟误国，臣不及知，至于兴师问罪，宗社阽危，生灵可念。臣与太后日夕忧惧，非不欲迁辟以求两全，实以百万生民之命寄臣之身，今天命有归，臣将焉往？惟是世传之镇宝，不敢爱惜，谨奉太皇（后）命戒，痛自贬损，削帝号，以两浙、福建、江东西、湖南北、二广、四川见在州郡，谨悉奉上圣朝，为宗社生灵祈哀请命。欲望圣慈垂哀，祖母太后耄及卧病数载，臣茕茕在疚，情有足矜，不忍臣祖宗三百年宗社遽至殒绝，曲赐裁处，特与存全，大元皇帝再生之德，则赵氏子孙世世有赖，不敢弭忘，臣无任感天望圣，激切屏营之至。”

封授的瀛国公。这时，对宋的战争虽已基本结束，但以陆秀夫为首的抗战政府还在南方继续活动。另一方面，在新征服的广大地区还存在抵抗力量。[①]元朝统治者是很清楚这一点的，所以，对已经投降但仍有潜在作用的宋少帝——瀛国公，必须作进一步的安排。

至元十九年（1282 年）十二月乙未，“中书省臣言：‘平原郡公赵与芮、瀛国公赵㬎、翰林直学士赵与票宜并居上都。’帝曰：‘与芮老矣，当留大都，余如所言。’继有旨，给瀛国公衣粮发遣之。”[②]此年，瀛国公才 12 岁，一个娃娃家为什么“不宜”居大都（北京）而“宜居”上都（开平）呢？这是因为当时中山有薛保住者“上匿名书告变”。元朝统治者抓住这一机会，一方面把南宋的故主瀛国公发遣到蒙古腹地，同时，就在“柴市”杀害了宋丞相文天祥。

（接上页）

《降封宋主为瀛国公制》：“时逢屯否，岳渎分疆，运值休明，乾坤一统，眷靖康之余裔，擅吴会之奥区，远隔华夏，久睽邻好。我国家诞膺景命，奄有多方，炎风朔雪之乡，尽修职贡；若木虞渊之地，靡不来庭。历六合而混同，岂一方之独异？用慰徯苏之望，爰兴问罪之师；戈船飞渡而天堑无凭，铁马长驱而松关失险。末主㬎，乃能察人心之向背，识天道之推移，正大奸误国之诛，斥群小浮海之议；决谋宫禁，送款军门，奉章奏以祈哀，率亲族而入觐。是用昭示大信，度越彝章，位诸台辅之尊，爵以上公之贵，可封开府仪同三司、检校司徒、瀛国公。”

① 《宋史》卷 151《姜才传》：“瀛国公至瓜州，才与庭芝泣涕誓将士出夺之。将士皆感泣。乃尽散金帛犒兵，以四万人夜捣瓜州，战三时，众拥瀛国公避去。才追战至浦子市，夜犹不退……六月，护饷至马家渡，万户史弼将兵挈夺之，才与战达旦，弼几殆……庭芝以在围久，召才计事，屏左右，语久之。第闻才厉声曰：‘相公！不过忍片时痛耳！’左右闻之俱汗下。”这证明抵抗力量的存在，而且仍然眷恋故主，对瀛国公寄予期望。

② 《元史》卷 12、13《世祖纪》。

次年，即至元二十年（1283 年）正月，元朝统治者反过来又杀掉那个上匿名信的中山薛保住，罪名是“妄效东方朔书，欺罔朝廷，希觊官赏”。这是告密者所没有料到的结果。至元二十一年（1284 年）二月，又“迁宋宗室及其大臣之仕于内地者”。[①] 至元二十四年（1287 年）十一月，桑哥、玉速帖木儿透露出元朝统治者的真正忧虑，他们说：“江南归附十年，盗贼迄今未靖者，宜降旨立限招捕。”[②]。他们对于瀛国公尤其不能放心，于是“至元二十五年(1288 年)冬十月丙寅，赐瀛国公赵㬎钞百锭”。事隔十天，丙子“瀛国公赵㬎学佛法于土番”。[③] 当时，瀛国公年方十九。至元二十八年(1291 年)十二月己巳，“宣政院臣言：‘宋全太后、瀛国公母子以(已)为僧尼，有地三百六十顷，乞如例免征其租。’从之”。[④]

---

① 《元史》卷 12、13《世祖纪》。

② 《元史》卷 14《世祖纪》：当时散处广东、福建一带的所谓“盗贼”，大都是民间抗战力量，叶李说：“臣在漳州十年，详知其事。大抵军官嗜利与贼通。”说明这些力量还得到官军的支持，所以“尤难弭息”。

③ 《元史》卷 15《世祖纪》。

④ 关于全太后事，明田汝成的《西湖游览志余》卷 2 载之颇详，足资参考：“度宗全皇后，会稽人，理宗宪圣夫人侄孙女也。略涉书史，幼从父昭孙知岳州……诏后入宫……册为皇太子妃，生少帝。宋亡，从少帝入朝于燕京。后为尼正智寺而终。世祖令词臣皆作挽诗，叶森诗云：‘繁华如梦习空门，曾是慈明秘殿尊，一夕顿抛尘世事，半生知感圣朝恩。五千里外无家别，八十年来有命存，回首钱塘江上月，夜深谁与赋招魂。’”下自注：“少帝，度宗子也，生四岁立，改元德祐，降于元，封瀛国公。”世祖对于全后的态度，也有一段记载：“元至元十一（三）年丙子二月，伯颜以宋谢、全两后以下北去……五月二日抵上都，朝见。十二日夜，宋宫人陈氏、朱氏与二小姬沐浴整衣，焚香缢死。朱氏遗四言诗于袖中云：‘不免辱国，幸免辱身，世食宋禄，羞为北臣，妾辈之死，守于一贞，忠臣孝子，期以自新。’世祖览之命断其首，悬全后所。”

就这样，瀛国公母子一个当了尼姑，一个做了和尚，而且瀛国公本人并被打发到土番去“学佛法”。此后一段很长时间，未见《元史》于瀛国公的下落有任何交待。直到文宗天历二年（1329 年）的记事中，才透露出他们母子已不在人世。“九月，市故宋太后全氏田为大承天护圣寺永业。”① 文宗至顺元年（1330 年）二月，“市故瀛国公赵㬎田为大龙翔集庆寺永业”。②

但是，瀛国公究竟死在哪一年？怎样死的？死在什么地方？史文未作说明，这就成为明清之间一桩疑案，引起种种传说。③ 既然知道瀛国公出家当了和尚，而且又去了吐蕃（《元史》中作“土蕃”），那就应该向释家著述和藏文记载中去搜寻。④

据《佛祖历代通载》⑤ 卷 32 载：“乙亥，至元十二年（1275 年）大元天兵临境，举国（南宋）归附……封幼主瀛国公，全后为尼正智寺”；“丁丑，至元十四年（1277 年）敕令瀛国公往脱思麻路（吐蕃一路），习学梵书、西蕃字经”；“壬午，［至元］十九年（1282 年）八月，赐文天祥死时，年四十七岁”；“宋主以王位来归，学佛修行，帝（忽必烈）大悦，命削发为僧宝焉。……

① 《元史》卷 33《文宗纪》。

② 《元史》卷 34《文宗纪》。

③ 流传最广的传说是“元顺帝乃瀛国公之子”，参见下文。

④ 故陈援庵（垣）先生来信云：“我估计藏文史料中会有关瀛国公的记载，今，果然不出所料……”（1963 年间与笔者的通信）。

⑤ 释念常撰。念常号梅屋，华亭人。至元十九年（1282 年）生，至治三年（1323 年）应召赴京师，缮写金字佛经，曾礼帝师，是颇为活跃的政治和尚。在他的书中记载瀛国公的事迹，可以说是当时人的记载，与书的其他部分纯为抄袭前人旧作者，不能同样看待，应有所区别。

宋主毳衣圆领，帝命往西天，讨究大乘明（佛理）”；“至治三年（1323 年）四月，赐瀛国公合尊死于河西，诏僧儒金书藏经”。

上述记载有些事件时间不确，如谓南宋之亡在至元十二年，失之过早；谓瀛国公赴脱思麻路学习梵书、西番字经在至元十四年，也大大提前。因为直到至元十九年，瀛国公和其他宋宗室成员还一直住在大都。事实上，他学佛于吐蕃是在至元二十五年（1288 年）十月。尽管疏失如此，但是，《佛祖历代通载》所记的材料仍不失其重要的史料价值，因为他告诉了我们几个前所未载的史实：

（1）瀛国公是奉诏出家；

（2）瀛国公出家后名叫合尊（这一点将在下文介绍藏文材料时讨论）；

（3）瀛国公是在英宗至治三年被赐死于河西的；

（4）瀛国公的母后全氏，削发为尼，是在正智寺。

明初，洪武年间，和尚恕中无愠著《山庵杂录》,①有一段关于瀛国公的记载：

> 瀛国公为僧后，至英宗朝，适兴吟诗，云“寄语林和靖，梅开几度花？黄金台上客，无复得还家”。谍者以其意在讽动江南人心，闻之于上，收斩之。既而上悔，出内帑黄金，诏江南善书僧儒，集燕京，书大藏经云。

无愠是由元入明的遁世学者，对当时故实多有记载，

① 《续藏经》本。

他在这里也明确说瀛国公死于英宗朝，与《佛祖历代通载》的说法相符。而且还说明死因是诗文贾祸，大概文人习气未改，要弄笔墨，被谍者（就是当时的特工人员吧）告密，以致赐死。

陶宗仪的《南村辍耕录》[①] 卷 20，也收录了瀛国公那首诗，用韵略有不同，语气上也有所差异，兹引录如下：

"寄语林和靖，梅花几度开？黄金台下客，应是不归来。"此宋幼主在京师所作钞也。始终二十字，含蓄无限凄戚意思，读之而不兴感者几希！

《宋稗类钞》收录此诗文句与《南村辍耕录》全同，但还有一段说明："少帝在燕京，凄凉无赖，时，汪水云以黄冠放还，少帝作诗送之。"云云。[②]

可见，元末即有一种说法：瀛国公因为一首诗而被元帝赐死。诗中牵涉的两个名词"黄金台"和"林和靖"，"谍者"极容易"上纲"为"意在讽动江南人心"。这里略加诠释：

黄金台：据明人蒋一葵《长安客话》卷 1 "皇都杂记"，有黄金台条："都城黄金台，出朝阳门循濠而南，至东南角，岿然一土阜是也。日薄崦嵫，茫茫落落，吊古之士，登斯台者，辄低回眷顾，有千秋灵气之想。京师八景有曰'金台夕照'，即此。"同条又云："台故燕昭

① 《南村辍耕录》，清康熙刻本。

② 此诗，再见于田汝诚《西湖游览志余》卷 2，与《宋稗类钞》同。

王所筑，置千金于上以延天下士，后人因以名台。”“黄金台下客”句，可以解释成住在大都的瀛国公自况。

林和靖（林逋）：宋代最著名的高士、诗人之一。钱塘人，字君复，少孤力学，恬淡好古，结庐西湖之孤山，20 年足不及城市，自为墓于庐侧。年六十一卒，宋仁宗赐谥和靖先生。逋，善行书，喜作诗，每多奇句。终生不娶，无子。所居植梅蓄鹤，人称其为“梅妻鹤子”。这样一位高洁之士，象征着钱塘（杭州），也正可以解释对故国的怀念。

这里，还要指出一点：传闻中的这首诗写作时间很不一致，有的说是“英宗朝”，那就应在 1321—1323 年之间；有的说是在汪水云南返之时，少帝在燕京日，那就应在至元二十五年（1288 年）之前，前后相距 30 余年。难道也是旧日文字被翻腾出来，“老账新账一起算”的结果吗？

下面，引录几种藏文史书：

《红史》（deb ther dmar po，又译作《红册》，成书于 1346 年）① 记载：

se chen rgyal po rgyal sar bzhugs nas tsi dben lo dcu gsum pavi dus su sman rtsivi gyivu juvi rgyal sar bsdad nas lo gsum song ba la/ pa yan phying sang gis rgyal

① 《红史》，西藏蔡巴万户长庆喜金刚（贡噶多吉，kun dgav rdo rje）著，成书于 1346 年。向以抄本传世，是藏文史籍中一部十分重要的著作。1962 年间，曾据察绒氏藏本晒蓝，名为晒蓝本，104 页。民族文化宫藏萨迦抄本 116 页，西藏印经院藏夏札抄本 56 页。1964 年，日本法藏馆出版稻叶正就、佐藤长据锡金甘托克藏学研究院藏本译为日文本。东噶·洛桑赤列先生著《红史校注》（藏文），民族出版社，1981 年。

khams blangs/ rgyal po sa skya btang lha btsun byas/ rting la ge gan rgyal povi dus su bsad pas khrag dkar po byung/

译文："［世祖］薛禅皇帝登极之至元十三年；时，蛮子南宋幼主登位三年，伯颜丞相尽取其国土，幼主皇帝被发遣至萨斯迦地方，出家为僧。后，至［英宗］格坚皇帝之时，杀之，出白血焉。"

译文里有几个问题需要解释：

（1）"出家为僧"句，在藏文原文里作 lha btsun，音译就是"合尊"，意思是"天神家族的出家人"。这是对王室子弟舍位出家的僧人的尊称。上文引《佛祖历代通载》中提到的"瀛国公合尊"，即源出于此。由于吐蕃时代的古史传说中，认为赞普王室乃是"天神下世，来主人间"（见《唐蕃会盟碑》东侧藏文盟词）。以后，历史上王室子弟出家者，名字之前皆冠以 lha 字，意为天神家族。如 11 世纪名震一时的阿里小邦王子出家后，取名"益西俄"（ye shes vod，意译"智光"），人们通称之为 lha bla ma ye shes vod，可译为"天喇嘛智光大师"。《佛祖历代通载》在另一处所记忽必烈把瀛国公出家学佛喻为"皇家佛"，也正是藏文称为"合尊"的意思。而"合尊"仅仅是瀛国公出家后的尊称。另有藏文本名，详见下文。

（2）"出白色血"句，又可译为"流血成乳"。这是佛教历史上习见的说法，用来表示一种冤狱，被害者流出来的血是白色的，像奶子一样。就在同一本《红史》里，还记载汉地姚秦时代，汉族僧肇被冤屈杀害时，流出来的血是白色的。在藏族口头流传的故事中，也有同样的说法，被冤而死的英雄人物，流出来的不是血而是奶子。① 由此可见，藏族史学家对瀛国公之死寄予同情，认为他的被害是冤枉的。

（3）“蛮子地方”句，例指南宋。在藏文史书中，也把南宋皇帝称之为“蛮子国主”。这是藏人沿用元代蒙古人对宋人的蔑称，史书中因袭下来。甚至在《萨迦世系史》中把江南地方也称之为蛮子地方。

（4）藏族史学家称元代诸帝很少用庙号，率皆以蒙古名号称之。如：太祖称成吉思皇帝，太宗称窝阔台皇帝，定宗称贵由皇帝，宪宗称蒙哥皇帝，世祖称薛禅皇帝或称忽必烈汗，成宗称完泽笃皇帝，武宗称曲律皇帝，仁宗称普颜笃皇帝，英宗称格坚皇帝，泰定帝称也逊铁木耳皇帝，天顺帝称阿速吉八皇帝，明宗称护都笃皇帝，文宗称扎牙笃皇帝，宁宗称亦璘质班皇帝，顺帝称妥懽铁木耳或称兀哈笃皇帝。读藏文有关元朝史料时，不可不察。这里的薛禅皇帝即元世祖。

《青史》（deb ther sngon po，成书于 1476—1478 年之间）② 中也录有关于瀛国公的史料。除与上引《红史》相同的一段以外，还有一段记载，如下：

civu thavi rdzung zhes pavi rgyal po rgyal rabs brgyad spen lyang gi sa char byung/ rgyal rabs brgyad pashang

① 中央民族大学藏《大老爷》的故事资料。

② 《青史》，管译师熏奴贝著，成书于 1476—1478 年之间，全书 15 品，有羊八井木刻本（木版后归功德林，现存于布达拉宫）。据云另有四川若尔盖刻本，未见。此书对历史人物年代考索最详，一向被推崇为信史。G. N. Roerich 译为英文，1947—1953 年出版，翻译中曾得到藏族学者更敦群培的帮助。

hwang pha bu gnyis kyi lag nas chi tan tavi glevu zhes pas spen lyang la sogs pavi rgyal khams phyed phrog/ rgyal khams de la tavi glevu zer/ shang hwang gi zha gon mavi bu khang dbang zhe pa sman tsivi yul du song nas phavi yul gyi rgyal khams phyed po gzung hor gyi snam thavi zer khyen khang hwang jevu bsdad rgyal khab de la gsung zer/ de nas sman rtse lha btsun gyi bar bu rgyal rabs brgyad sman rtser byung/

译文："赵太祖称帝，建都于汴梁，传八代，至上皇父子（徽钦二帝）时，有契丹大辽崛起，袭取汴梁等城池及国土之半，称大辽。上皇侧妃之子名康王者，至蛮子地方，领其父王其余一半国土，蒙古称之为'南台'，居建康杭州，国号曰宋，直至蛮子合尊，共传八帝。"

从这一段文字记载来看，藏人对于宋代北方民族关系诸如辽、金之间嬗递，并不十分了然，因而把赵太祖误作太宗，把取汴梁之事误记为辽，且以"大辽"代"金国"，均错。但称宋南渡后为蛮子、南台，称临安为建康、杭州，均与当时蒙古人习惯称呼相符。值得注意的是，在这里称呼少帝为蛮子合尊，与上文所引《红史》的记载一致。说明当时藏人史学家也以"合尊"径称瀛国公，不称其名。

《新红史》（deb dmar gsar ma，成书于 1538 年）①

---

① 《新红史》，甘丹池巴福称（索南札巴，bsod nams grags pa，1478—1554 年）著。成书于 1538 年，写本，103 页。按福称，泽当人，著有《噶当派教史》《俱舍论疏》等书。52 岁时被选任甘丹池巴，55 岁退任。曾充任色拉、哲蚌等寺池巴，史称班钦，意为大学者。此书有意大利东方学院图齐（G. Tucci）英译本，于 1971 年出版。

除了与上引两段相同的记载以外，还有一句很关紧要的话：

phyis sman rtsevi yul du rgyal rabs brgyad byung ste sman rtse lha btsun pavi bar davo/（vdis sa skyar spyi vdzin mdzad/）

译文："后，于蛮子地方，王统八传，即至蛮子合尊之中间也。（原注：此人曾任萨斯迦总持。）"

从这里，我们又知道瀛国公进吐蕃，到了萨迦还担任过萨迦大寺的总持。

《贤者喜宴》（mkhas pavi dgav ston，成书于1564年）① 在"于阗、汉地、蒙古各地教法源流之品"内，亦有上述两段文字记载，不赘引。

《如意宝树史》（chos byung dpag bsam ljon bzang，1748年成书）② 在"后弘期大译师名次录"之品内，有瀛国公的名字，列在第60名，称为lha chos kyi rin chen，意为"合（尊）法宝"。名次顺序排在管洛·熏奴贝（《青史》作者）和多罗那它（《印度佛教史》作者）之前。《贤者喜宴》的"译师、智者、哲人之品"内，也

① 《贤者喜宴》，巴俄·祖拉陈瓦著，成书于1564年，全书以木刻本791页传世。版藏于山南洛扎岱瓦宗拉陇寺，又称《洛扎教史》。此书广征博引，忠于史实，尤其对于古代史、西夏史的叙述最为可贵，书中所引史料每与敦煌石室藏文遗书相合。1964年，印度加尔各答大学由钱德拉·罗开什影印出版。意大利东方学院图齐有英译本出版广告刊出，未见译书。西藏印经院藏有较好的印本。

② 《如意宝树史》，松巴堪布益西班觉（sum pa mkhan po ye shes dpal vbyor）著，成书于1748年（戊辰）。1908年印度人达斯铅印出版。此书对于蒙藏关系、安多地区，记述较详备，并附《丹珠尔》目录，检阅方便。其"译师哲人名次录"更有特色，是极为有用的史料。

有瀛国公的名字，亦称“合（尊）法宝”，与《如意宝树史》同。

还有一件更为重要的材料，那塘版藏文《因明正理论》(tshad ma rigs par vjug pavi sgo)，① 扉页上有用藏文拼写的汉字语音 g·yin ming gzhev cing livi lun，尾页有如下短跋：

rgya nag chen povi lhavi btsun pa chos kyi rin chen gyis dpal ldan sa skyavi gtsug lag khang du rgyavi dpe dang bod kyi dpe gnyis po legs par gtugs shing bcos te dag par bsgyur pavo/ rgyavi bpe la rigs pa la vjug pa zhes snang deng sang bod rnams rigs pavi sgo zhes grags so/

译文：“大汉王者出家僧人合尊法宝，在具吉祥萨斯迦大寺，取汉文本与蕃字本二者善为对勘，修订并正确翻译之。汉文本名为‘入正理［论］’，而晚近蕃地诸人名之为‘正理门论’云。”

据此可知瀛国公到了萨迦以后，学会了藏语藏文，并在萨迦大寺翻译比较深奥的佛家逻辑专著《因明入正理论》。此外还有《百法明门论》，② 也是出自他的译笔。

① 德格版藏文大藏经亦收此书，日本东北大学编《德格版藏文大藏经总目录》丹珠尔部第十七因明部，即有此书。中国社会科学院民族研究所王森（雨农）先生辑有该书的藏、梵、汉会本，未刊。又，对于瀛国公——合尊法宝的事迹，发生兴趣最早的是王森先生。1962 年他在中央民族学院藏文研究班讲授因明学，即以此书为教本，笔者承乏辅导。时，王森先生即指出瀛国公、合尊法宝可能是一人，这是他的远见卓识。

② 参见考第尔《大藏经丹珠尔目录》。除这两种以外，可能还有他译品，未被人们知道，待考。《湖山类稿》载“瀛国公为僧后，号木波讲师”，“木波”疑是“本波”，形近而讹。本波即藏语 dpon po，意为官家、长官，则与藏文记载瀛国公在萨迦担任过“总持”同义。

因而，藏族史学家把他列入翻译大师队伍之中。可以说，瀛国公在汉藏文化交流上作出一些贡献，上述扉页及尾页题跋可能就是他的手笔。

综合汉、藏文献资料，可将瀛国公事迹概述如下：

宋度宗咸淳七年（1271 年）九月乙丑，生于临安。度宗第二子，母全氏。

咸淳九年（1273 年）十一月，封嘉国公。

咸淳十年（1274 年）七月癸未，即皇帝位，明年改元德祐。时年四岁，太后全氏临朝听政。

元世祖至元十三年（1276 年）降，五月至大都，封瀛国公。

至元十九年（1282 年）十二月，迁上都。

至元二十五年（1288 年）十二月，被遣至吐蕃，习学佛法。

长期住于西藏萨迦大寺，曾任总持。更名合尊法宝，习藏语文，从事佛经翻译工作，有《因明入正理论》《百法明门论》等译品传世。

英宗至治三年（1323 年），被赐死于河西。元末即传因诗文贾祸，藏族史学家皆认为冤屈而死。

二、元顺帝为瀛国公之子说辩伪

元顺帝（惠宗），蒙古名妥欢帖睦尔，未有谥号之前一般称为庚申帝。因为他生于英宗延祐七年（1320 年），即庚申。元末即传说他是瀛国公的儿子。

最先记录这一传说的，是元末隐士权衡的《庚申外史》：

国初，宋江南归附时，瀛国公幼君也。入都，自愿为僧白塔寺中。已而奉诏居甘州山寺。有赵王者，嬉游至其寺，怜国公年老且孤，留一回回女子与之。延祐七年，女有娠，四月十六夜，生一男子。明宗适自北方来，早行，见其寺上有龙文五彩气，即物色得之，乃瀛国公所居室也。因问："子之所居得无有重宝乎?"瀛国公曰："无有!"固问之，则曰："今早五更后，舍下生一男子耳。"明宗大喜，因求为子，并其母载以归。①

宋濂主修的《元史》，对于《庚申外史》颇多推崇，广为征引，且盛赞权衡是"隐德硕学之士"，独独对于这一条，弃而不顾。

传播这一传说并加以渲染、发展的，是洪武初年的福建政和县儒学训导余应，他"悲宋室以仁义亡国，因览虞文靖公［集］为文宗草顺帝非周王（明宗）己子之诏，撰诗以述其事"。② 他的诗不胫而走，流传很广，并且在很长时间无人知道作者是谁。直到景泰年间（1450—1456 年），经何乔新考证，才弄清楚。余应的原诗，是一种想象力十分丰富的创作。引如下：

皇宋第十六飞龙，元朝降封瀛国公；
元君诏公尚公主，时蒙赐宴明光宫。

---

① 据《豫章丛书》本，《学津讨原》本在"白塔寺"中句下增"号合尊大师"一句，余全同。《昭代丛书》《宋遗民录》《元诗纪事》均录此说。

② 《寰宇通志》《政和县志》。

酒甜舒指爬金柱，化为龙爪惊天容；
元君含笑语群臣，凤雏宁与凡禽同。
侍臣献谋将见除，公主夜泣沾酥胸；
瀛国晨驰见帝师，大雄门下参禅宗。
幸脱虎口走方外，易名合尊沙漠中；
是时明宗在沙漠，缔交合尊情颇浓。
合尊之妻夜生子，明宗隔帐闻笙镛；
乞归行营养为嗣，皇考崩时年甫童。
文宗降诏移南海，五年仍归居九重；
壬癸枯干丙丁发，西江月下生涯终。
至今儿孙主沙漠，吁嗟赵氏何其雄；
惟昔祖宗受周禅，仁厚绰有三代风。
虽因浪子失中国，此为君长传无穷。

从这首诗作中，可以看出几个新的变化，《庚申外史》中的“回回女子”已变成“元君”的“公主”，“年老且贫”的瀛国公变成非常阔气的尚主的娇客，并且增添了“见帝师”“走方外”“居沙漠”“名合尊”等细节，使这一故事饶有兴味。

到了袁忠彻手里又有新的发展。袁忠彻，字静息，是明初著名占卜星相家袁柳庄的儿子。幼年，随父在燕王驾前行走，永乐初，授鸿胪寺序班，迁尚宝司少卿，正统中坐矜傲休致，卒。他在《符台外集》中说：

予幼时，闻诸先生与先人言，宋幼主北迁，元降封为瀛国公。一夕，世祖梦金龙舒爪缠金殿柱，明日，瀛国来朝，立所梦柱下。世祖感其事，欲除之，谋诸臣下；

瀛国知，惧，遂乞从释，号合尊大师，往西天受佛法，获免。过朔北扎颜之地，谒周王（原注：即明宗），见瀛国后罕禄鲁氏，郡王阿儿厮兰之裔孙也，明宗爱而纳之，未几，生妥懽贴睦尔。后有言于文宗，诏曰：明宗在朔漠之时，素谓非己子。遂两徙高丽海岛，寻移广西。……瀛国孤儿寡妇，元君忍不相容也。瀛国居燕八年，因杀文丞相，方给衣粮，此待之薄甚。迨梦感有疑，瀛国逆知，假往西天，又遇周王夺其后而生顺帝。以明宗朔漠之言观之，明为遗腹也。

这一段话基本上是余应诗的内容，不同的只是把元顺帝生母罕禄鲁氏（郡王阿儿厮兰裔孙）加给瀛国公，元顺帝就变成明宗夺瀛国公妻而后生下的"遗腹子"。袁忠彻的故事还没说完，他接着还叙述自己的一段经历：

归老于家，或诵虞文靖公诗所纪瀛国之事，因而有感，遂并书旧时所闻者：永乐十年（1412 年）五月十八日，我太宗文皇帝御武英门，命内官李谦、王吉于古今通集库取宋列帝遗像，命臣忠彻及画士百户徐英观之。上笑谓忠彻曰："宋太祖以下，虽是胡羊鼻，其气象清癯，若太医然。"十九日，上复御武英门，命臣忠彻同内官王吉看元列帝像，俱魁伟雄迈，上曰："都吃绵羊肉者。"及观顺帝像，顾谓臣忠彻曰："唯此何为类太医也?"忠彻斯时承命未实，俯首莫对；今蒙赐老田里，得以历考宋、元史传暨元学士虞集所作'第十六飞龙'之诗，果符太宗文皇帝之言，愈感圣鉴之明，愧当时不能对此为恨，庸书以俟秉笔者补之。

这段自高身价的回忆录，不脱星相术士世家的本色。却未料到，就在这里露出了马脚，他并没有“历考宋、元史传”，连虞集的集子也没读过，不然，怎能把“皇宋第十六飞龙”一诗的著作权，加给那位虞文靖公呢？当时就有人指出他的错误。叶盛在《水东日记》卷 37 中说：“近见《寰宇通志》《政和县志》及《符台外集》乃知此诗（“第十六飞龙”一诗）余应作，袁忠彻以为虞集作，非也。”又据黄溥在《闲中今古录》中，又揭出袁忠彻的老底：

尝闻先大父南山先生曰：永乐间，一日，谒尚宝袁公，公曰：“昨日同太监二人侍上位，看历代帝王像。看到宋太祖，上曰：‘果然面方耳大。’又曰：‘真宗而下，诸像清癯，如今时太医一般’。看到元世祖，上曰：‘北人南相。’看顺帝像，又曰：‘此又如太医样。何也？’不能对而退。”大父答曰：“公尚不晓此耶？昔宋幼主㬎之妻有娠，元明宗见貌美悦之，乃生顺帝也。”尚宝因叹不得以此对为恨，乃备述于《符台外集》，而不明大父所云。

可见袁忠彻不过是从黄润玉（黄溥的祖父南山先生）那里听来的故事，加上自己的名字，录在集子里而已。

事实上，第一个考证出“皇宋第十六飞龙”诗的作者为余应的是进士何乔新。他著有《元史臆见》《勋贤琬琰集》等。他在《跋余应诗》中说：

予年二十时，赴江西乡试，于馆人家见乐府一帙，内有“沙漠主”一篇，云杨廉夫所作。予方从事科举之业，不暇录，但记其篇末句云：“吁嗟乎！凤为鸠，龙为鱼，三百年来龙凤裔，竟堕左衽称单于。”又识其后云：“宋太祖之德至矣！肇造帝业，不传子而传诸弟，太宗负约，金人之祸，举族北迁，而太祖之末孙复绍大统，有江南者百余年，为元所灭，而瀛国公之子阴篡元绪，世为漠北主。天之报太祖一何厚哉?!”其所云颇与应（余应）合。近考铁崖乐府无此篇，岂出于假托耶？

由此，我们知道还有一首托名杨铁崖作的新乐府“沙漠主”，渲染这一故事。

以上就是“元顺帝为瀛国公之子”这一传说产生、发展和在元明之间演变的过程。它逐渐形成一桩公案。就在明代，除了上文引述的诸家以外，还有程敏政的《宋遗民录》、陈霆之的《两山墨谈》、张志淳的《南园漫录》、陈汝锜的《甘露园短书》、罗伦的《近峰闻略》《河上楮谈》《禅寄笔谈》《续宋宰辅编年录》等书，人致皆信而不疑。持疑有黄训、王世懋、罗凤等人，见《窥天外乘》《延休堂漫录》等书。罗凤的话最有代表性，他以为瀛国公出家为僧与元顺帝出生的年代相距 20 多年，显示出这一故事在时间上几乎不可能。四库馆人对此特别推崇，评为：“此论最善，可以释千古之疑。”钱谦益在《牧斋初学集》卷 25 中作“瀛国公事实”一篇：“说者以为吕嬴牛马之事，微暧难明，传闻异辞，或者中原遗老伤故国，思少帝，从而为之说以相快欤？”采取了模棱两可的立场。

到了清代，万斯同《书庚申君遗事后》《再书庚申君遗事后》，全祖望《跋庚申外史》《鲒琦亭集》“答史雪汀问宋瀛国公遗事帖子”，都陆续有新的论述。他们都相信顺帝为瀛国之公子。赵翼《廿二史札记》卷 31 中所见与万、全二家同。

晚近学者王国维、余嘉锡、陈登原，都曾讨论过这一故事的可靠性。余嘉锡在《论学杂著》中剖析最详，否定了故事的可能性。近人魏青铓女士用功甚勤，查阅了大量资料，撰写《元顺帝为宋裔考》一文，① 引证浩繁。但是，由于作者采取了“与其阙而疑之，毋宁存而信之”的态度，所以她提供的目录是有用的，结论却落在旧的窠臼之中。

三、简短的结论

余生也晚，得以进行汉、藏两种文字史料的对勘。基本上可以确知从少帝到瀛国公、到合尊的经历。至于元顺帝为瀛国公之子的传说，有一条根本性的年代误差，不能成立。《元史》“英宗纪”“文宗纪”都明载顺帝生于延祐七年（1320 年）四月丙寅，生母为罕禄鲁氏，生地在北边。而这个时候，瀛国公已是年届半百，即使已从长期居住地西藏萨迦内返，来到河西，有可能与明宗相会，然而明宗出巡西北事在延祐三年（1316 年），岂有夺人妻子（假定真有其事）过了四年之后，即 1320 年才生出“遗腹之子”？何况，延祐三年时，明宗年甫十六，瀛国公则已四十有六。假若他有妻的话，也难设想

① 《文史杂志》第 2 卷第 2—3 期，1942 年。

一位十六岁的青年王子，会去看上而且抢走四十六岁老汉的妻室！其说本不可信，但在几百年中，流传至广，而且许多文人墨客广为渲染，究竟是什么原因呢？

鄙意不外以下三条：（1）宋亡以后，汉族士大夫中有相当一部分不满于“异族”统治，编出这类故事来聊以自慰。这与清代盛传乾隆皇帝是陈阁老之子的故事如出一辙。（2）由于瀛国公当年出家以后，下落不明，事迹不显，留下这一段空白，给舞文弄墨之客编造故事之机。（3）元代朝廷皇帝叔侄之间，争权夺位，文宗诏书说顺帝不是其父所生，这样，自己夺位更为有理！顺帝则竭力剖白自己确是其父的嫡子，可以取得合法的继承权！文宗本是亲手谋弑亲兄明宗，夺得帝位的，又利用乳母夫言来否定顺帝的合法性。制造舆论，打击对手，这是统治阶级内部斗争中惯用的手法。所以，顺帝上台以后，对已故的文宗，及其后、其子毫不客气，采取断然手段，报仇雪恨，而且在诏书中悻悻地指斥文宗：“又私图传子，乃构邪言，嫁祸于八不沙皇后，谓朕非明宗之子，离间骨肉，罪恶尤重！”

（原载《西藏研究》1981年第1期）

摩诃葛剌（Mahākāla）崇拜在北京

在北京城西直门外直西一公里处，即是著名的动物园，昔称三贝子花园。其西侧，有一座在20世纪70年代修建的雄伟、壮丽、引人注目的体育馆。人们都知道，这叫“首都体育馆”。可是，很少有人知道那里原来叫“摩诃葛剌庙”。事实上，修建体育馆之前，那里曾是海淀评剧团驻地。再往前说，就叫摩诃葛剌庙了。那是大清王朝定都北京以后，在京城修建的几座摩诃葛剌庙之一。

“摩诃葛剌”系梵语，汉译为“大黑天神”，是古代印度的崇拜，由来已久。作为佛教的守护神，具有战神、财福神和冥府神几种性格，形象不一。①

最早在唐代传入中国：

不空（705—774年）《大日经疏》卷10：“此天为毗

① 丁福保：《佛学大辞典》“大黑天”条：“梵语摩诃迦罗Mahākāla，译为大黑天、大黑神，或译为大时。显、密二教之所说各异。密教谓为大日如来因降伏恶魔，示现忿怒药叉主之形者；或有一面八臂、或有三面六臂，系人之髑髅以为璎珞，可畏之相也。故古来以为军神而祀之。”《佛祖历代通载》卷35：“显教之所传者，以之为施福神，谓祀之则能得福德。西竺诸寺皆于食厨安置供养之。”因版本不同，此书有22卷及36卷的异数。

庐遮那佛之化身，降伏荼吉尼天之忿怒身。”①

良贲（716—777 年）《仁王护国般若波罗蜜多经疏》卷下：以“此天为战神，乃摩醯首罗（大自在天）之化身，夜游人间，食人血肉”。②

义净（635—713 年）《南海寄归内法传》卷 1 “受斋轨则”条：以“此神（摩诃葛剌）为食厨之神，江南一带民间食厨多祀此神”。③

此神之事迹，分别见于下列各经卷：

(1)《大集经》卷 55，《分布阎浮提品》。

(2)《理趣经》卷下。

---

① 不空(Amogharajra)，唐代僧人，密宗创始人之一。与善无畏、金刚智合称开元三大士。原籍北天竺，随师金刚智来华，参与译场，传译密法。所译大乘及密典 77 部，120 余卷。《大日经疏》卷 10 云：“摩诃迦罗，所谓大黑神也。毗庐遮那以降伏三世法门欲除彼（荼吉尼），故化作大黑神，过于彼无量示现，以灰涂身，在旷野中，以术悉召一切法成就。乘空、履水皆无碍，诸荼吉尼而诃责之：‘犹汝常啖人，故我今亦当食汝。’即吞啖之。”

② 良贲，唐京师安国寺僧，助不空译经。《宋高僧传》有传。《希麟音义》卷 7：“良贲者，即助译《仁工经》沙门名也。”所作《仁王护国般若波罗蜜多经疏》卷下：“大黑天神，斗战神也。若祀彼神，增其威德，举事皆胜，故飨祀之。”

③ 义净，唐京北大荐福寺义净三藏。咸亨二年（617 年）年三十七，发足取路南海，趋印度，经 25 年，经 30 余国。天后嗣圣元年（684 年），还洛阳，天后亲迎于上东门外。初与于阗之实叉难陀共译《华严经》，后于长安福先寺及雍京西明寺自译《最胜王经》等 20 部。又译《庄严王经》等 56 部 230 卷。别出《南海寄归内法传》《西域求法高僧传》等 5 部 9 卷。先天二年（713 年）示寂。《宋高僧传》有传。《南海寄归内法拷》卷 1 云：“西方诸大寺处，或于食厨柱侧，或在大库门前雕木表形，或二尺、三尺为神王状。坐抱金囊，却踞小床，一脚垂地，每将油拭，黑色为形。号曰莫诃歌罗，即大黑神也。古代相承云：是大天之部属，性爱三宝，护持五众，使无损耗，求者称情。但至食时，厨家每荐香火，所有饮食，随列于前。”看来，义净所记此神在印度诸国地位、作用与译传来华后大致相同。

(3)《青龙寺仪轨》卷下。

(4)《玄法寺仪轨》卷下。

(5)《慧琳音义》卷下。

可见，在唐代汉族地区仅仅把这一尊神当作一般守护神，乃至在厨房、仓库之类尽责的小神祇，没有多高地位。所谓战神的灵应尚未显著。

就在唐代，不空等三大士把密教传入中国时，在密教胎藏界曼荼罗外金刚部之中，也曾把此神列于左方第三位："呈现黑色极忿怒之相，火发竖立，三面六臂，正面有三目，左、右面各二目，以髑髅为璎珞，以蛇为臂钏，趺坐于圆座之上。"形象十分狰狞恐怖。①

在《大黑天神法》中载其真言："唵，密止密止，舍婆隶，多罗羯帝，娑婆诃。"其种子字 Yam，三昧耶形为剑，这一真言及意义如下表：

梵音	汉字译音	汉意
Om！ Miccimicci	唵！密止密止	降伏
Svare	舍婆隶	自在
Toragate	多罗羯帝	救度
Svaha	娑婆诃	吉祥

②

① 密教坛场中安置 13 大院 414 尊，一切之功德轮圆具足者，是胎藏界之曼陀罗也。第一，中台八叶院 9 尊；第二，遍知院 7 尊；第三，释迦院 39 尊；第四，持明院 5 尊；第五，虚空藏院 28 尊；第六，金刚手院 33 尊；第七，除盖障院 9 尊；第八，观音院 37 尊；第九，地藏院 9 尊；第十，文殊院 25 尊；第十一，苏悉地院 8 尊。以上 209 尊谓之内院。第十二，外周之金刚院 205 尊。通内外院为 414 尊也。此处所引为外金刚部，则与胎藏界坛城第十二所谓外周金刚院为一事，大黑天神当为 205 尊之一。

② "大黑真言"又不同汉字异译："唵！尾旨尾旨（降伏），惹口缚礼（自在），多唵伽帝（救度），莎诃（吉祥）。"其尾旨错作尼旨，显误。

看来，此神在密教中一直属于一般守护之神，战神地位仍未突出。

摩诃葛剌自唐代传入以后，译名颇不一致，唐代当时就有"摩诃伽罗""摩诃迦罗"；宋、元之间每每译作"摩诃葛剌"或"摩诃歌罗"；明、清以降又译作"嘛哈噶拉"或"吗哈噶拉""玛哈噶喇"。究其实，皆是 Mahākāla 的不同译名而已，意译为"大黑天""大黑天神"，倒是一致的。当然，因为藏语曾有 nag po chen po（大黑）和 mgon po（怙主、护主）的译法，元代也曾在汉语中依藏语译为"大护神"。①

元代，八思巴（vphags pa，1235—1280 年）以帝师之尊入仕元廷，② 萨迦一系僧侣在内地备受尊崇。藏传密

---

① 藏语在多数场合以 mgon po（怙主、依怙、护主）来代表 Mahākāla，偶然也译称 nag po chen po（大黑）作为护法尊神，早已加入西藏万神殿中，受到普遍的尊崇。多杰觉拔喇嘛在内地弘传西藏密法时，其法本《密乘法海》共 108 种大法，护法部第一即为"嘛哈噶喇念诵法"。略云："［观音］乃作思惟，众生难度之因，皆由魔所缠扰，于是化现嘛哈噶喇伏魔本尊，内怀彻骨之大悲，外现无比之威猛。当其化现此伏魔本尊时，悲泪下注，滴滴生莲，由此莲花上，复生白度母及绿度母二尊，发愿助嘛哈噶喇降魔化众，并有无量眷属。"见于新文丰出版公司影印本，第 436 页。藏人中名 mgon po（贡布）者甚多，亦与此护法崇拜有关。在寺庙内，密宗修法神殿称为 mgon khang，即护法神殿也。

《元史·释老传》载："元贞间，海都犯西番界，成宗命祷丁摩诃葛剌神，已而捷书果至。……有曰：古林朵四，华言至尊大黑神回遮施食也。"都可证明元廷已接受了摩诃葛剌的崇拜和信仰。

② 《元史·释老传》，中华书局标点本。《八思巴传》，陈庆英著，中国藏学出版社，1992 年。《萨迦世系史》，陈庆英、高禾福、周润年译，西藏人民出版社，1989 年。

传法与之俱来，深为帝王后妃及诸王公大臣之宠信。[①] 经过藏僧之大力宣传，“摩诃葛刺”的地位猛增。乃以护神——护法之位阴助蒙元朝廷，于是，大大地隆盛起来了。著名的《胆巴碑》[②] 载其事甚详：

至元七年（1270年）与帝师八思巴俱至中国。帝师者，乃圣师之昆弟子也。帝师告归西蕃，以教门之事属之于师。始于五台山建立道场，行秘密咒法，作诸佛事，祠祭摩诃伽刺。持戒甚严，昼夜不懈，屡彰神异，赫然

---

① 其最著名的莫过于《元史·顺帝纪》《元史·哈麻传》所载西藏僧侣在大都的熏天气焰，可参看原文。今以元廷流传的西藏僧人译进御览的专著《大乘要道密集》中的《道果延晖集》一书为例，似为当时盛行于宫廷的“演揲儿法”的有力旁证。此书在国内原有吕澂（秋逸）先生印本，为数极少。现在有台湾金刚乘学会影印本流通。作者将另文介绍其内容及要旨。

② 《元赵孟頫书胆巴碑》全名《大元敕赐龙兴寺大觉普慈广照无上帝师之碑》，题“集贤学士资德大夫臣赵孟頫奉敕撰并书篆”。延祐三年（1316年）立石。今据文物出版社影印本引录。原件藏故宫博物院，纸本卷装。赵孟頫（1254—1322年），宋宗室仕元者，元代著名书法家、画家。

关于胆巴事迹，详于以下诸作：（1）《汉藏史集》中提到胆巴的事迹在“江孜法王世系”内，见汉译本第232—233页。（2）《元史·释老传》《佛祖历代通载》卷35。（3）陈庆英、周生文：《元代藏族名僧胆巴国师考》，《中国藏学》1990年第1期，第58—67页。（4）E. Sperling, Some Remarks on Sga A-gnyan Dam-pa and the Origins of the Hor-pa Lineage of the Dkar-mdzes Region（《关于阿年胆巴及甘孜霍尔世系的几则考证》）, Tibetan History and Language, Studies Dedicated of Uray Geza on His Seventieth Birthday（《藏族历史与语言·祝贺G. 乌瑞70寿诞文集》）, 1991年维也纳大学藏学佛学系出版，第455—456页。（5）R. A. Stein, Recherches sur L'epee et le barde Tibet, PARIS, 1959, p. 188. 石泰安教授《格萨尔王传研究》内所引用的“霍尔法王世系历代史传”，对阿年胆巴有专章叙述。以上诸家，已对胆巴生平做了详尽考释，可以确信碑文中所提到的事实无误。

流闻。自是德业隆盛，人天归敬。①

文中提到的圣师指萨迦班智达贡噶坚赞（kun dgav rgyal mtshan，1182—1251 年），八思巴之伯父，以 63 岁高龄，应蒙古阔端王子之邀，携八思巴兄弟来凉州会商，解决西藏地方正式纳入中国版图之事，70 岁圆寂于凉州。②

在藏文本《汉藏史集》（rgya bod yig tshang，成书于 1434 年）中，列有胆巴传。内云："在涿州地方兴建神殿，内塑摩诃葛剌主尊及眷属之像，由上师亲自为之开光。像面南，朝蛮子地方，阿阇黎胆巴功嘉在此修法。"③ 另，程钜夫（1249—1318 年）的《雪楼集》中《凉国敏慧公神道碑》一文亦记："阿尼哥确于至元十三年（1276 年）建寺于涿州。"④ 柳贯（1270—1342 年）的《护国寺》中云："初，太祖皇帝肇基龙朔，至元世祖皇帝绥华纠戎，率成伐功。常隆事摩葛剌神，以其为国持赖，故又号大护神，列诸大祠，祷辄响应。而西域圣师大弟子胆巴，遂以其法来国中，为上祈祠，因诏立庙

① 碑文中提到在五台山建立道场事，又见于《佛祖历代通载》卷35。

② 《萨迦世系史》第 3 章第 5 节《法王萨迦班智达贡噶坚赞传》。其著名作品《致吐蕃地方僧俗领袖公开信》，载南京大学《元史及北方民族史研究集刊》第 3 辑，1978 年。由笔者首次译为汉文。

③ 《汉藏史集》上篇第 23 节《吐蕃地区驿站的设置，伯颜丞相的故事》中有此文，见汉译本，第 172—173 页。

④ 程钜夫，元代著名学者，历任翰林集贤学士侍御史及闽海、山南江北、浙东海右诸道肃政廉访史。主修《成宗实录》《武宗实录》等。著《雪楼集》，名重当时。

于都城西南涿州。”①

以上汉、藏文史料都说，元初涿州（今河北涿县，在北京市西南 100 公里处）和五台山兴建了喇嘛神殿，祠祭摩诃葛剌，而由胆巴主其事。

究竟摩诃葛剌（大护神）有什么样的灵应呢？在释念常（元僧，1316 年任方丈）的《佛祖历代通载》中，有比较详细的记载：

初，天兵南下，襄城居民祷真武，降笔云：“有大黑天神领兵西北方来，吾亦当避。”于是列城望风款附，兵不血刃。至于破常州，多见黑神出入其家，民罔知故，实乃摩诃葛剌神也。此云大黑，盖师祖父七世事神甚谨，随祷而应，此助国之验也。②

南宋的张端义（1179—1248 年）《贵耳集》（1246 年成书）卷下所记，大意相同，称“摩诃葛剌”为“北方黑煞”，云：“均州武当山，真武上升之地，其灵应如响。均州未变之前，鞑至，圣降笔曰：‘北方黑煞来，吾当避之。’”③ 这些记载，说明了摩诃葛剌是萨迦人七世崇奉的家神。迎到蒙古以后，站到蒙古人一边，帮助蒙古军队征服襄阳、均川、常州。由此，可以了解摩诃葛剌的

① 柳贯，元朝著名理学家，其文收入苏天爵的《国朝文类》有《唐律疏议序》《题郎中苏公墓志铭后》等，有《柳待制文集》传世。

② 载《大正藏》第 49 册，《佛祖历代通载》卷 22，第 726 页上。

③ 所记均为同一传说。许地山《扶箕迷信的研究》引述了这一条箕诗，并下了评语，认为这位真武大帝实在不负责任，他本来应该保护地方、福佑人民，谁知当灾祸临头时，率先逃脱，大不应该。

地位逐渐上升的原因。

《元史·泰定帝纪》至治三年（1323 年）十二月："塑马哈吃剌佛像于延春阁之徽清亭。"以上，由五台山而涿州而京城大内，这是摩诃葛剌进京入宫的记录。所以陶宗仪（1316—1402 年）《辍耕录》卷 2 记载："皇帝受佛戒，入戒坛时见马哈剌佛（即摩诃葛剌）。"说明在宫廷里也供奉摩诃葛剌了。①

明承元绪，喇嘛，尤其是来自西藏的喇嘛，受到特别的优渥礼遇。这是明初太祖、成祖对藏区实行"众建多封""礼聘僧人"的既定方针决定了的。所以封赏了大宝、大乘、大慈三大法王，分别笼络住噶举、萨迦和格鲁三大主流教派。而各地方势力也受封为阐化、阐教、辅教、护教和赞善五王，加在一起，就是著名的"明封五王"。② 当然，前朝留下的摩诃葛剌崇拜，也与这些喇嘛高僧同在。

刘侗（？—1637 年）的《帝京景物略》云："西城双林寺，后殿奉玛哈噶拉佛，以处西域僧也。"③ 这一所

---

① 陶宗仪，元黄岩人，字九成，号南村。此书又名《南村辍耕录》，30 卷，580 余条，记元代典章、制度、掌故、民俗、书画、戏曲资料等，有较高学术价值。

② 王森《西藏佛教发展史略》一书，第 5、6、8 各篇记叙最详。又，日本学者佐藤长撰有《明代西藏八大教王考》，载《东洋史研究》第 21 卷第 8 期（1962 年）、第 22 卷第 2 期（1963 年）、第 22 卷第 4 期（1964 年）。

③ 刘侗，明代湖北麻城人，字同人，号格庵，崇祯进士，授吴县知县。与于奕正同撰《帝京景物略》一书，刻于崇祯八年（1635 年）。凡 8 卷，列目 129 条。记明代北京城郊景物、园林寺观、陵墓祠宗、名胜古迹、山川桥梁，并旁及人物故事，颇有史料价值。

关于双林寺的记载，还有以下文字足资参考：于慎行《谷城山房集》载"万历初，大珰冯保营葬地，造寺曰双林。双林，冯之别字也"。这座明

寺庙大概是专门供养藏僧的喇嘛寺，地在西郊动物园之南。今为北京画院及计算机学院的后院，寺已毁圮，不可寻，惟有一座藏式白塔巍然独存。

类似的情况，明代各地犹有摩诃葛剌的崇拜踪迹，清代著名历史学家厉鹗（1692—1752 年）在其《樊榭山房集》卷 5 中有《吴山咏古诗》二首，内中颇有趣味地咏叹了摩诃葛剌庙，并有小序云："麻曷葛剌佛在吴山宝成寺石壁上，复之以屋。元至治二年（1322 年），骠骑

(接上页)
代有名的喇嘛寺，原来其后台是万历年间最著名的太监冯保。难怪其声势煊赫。冯琦的《北海集》内《双林寺歌》、于慎行的《谷城山房集》内《双林寺歌》，都以极为浓重的笔墨描写其豪华，嗟叹其衰败。明工部右侍郎王槐撰《双林寺碑》，记明寺成于万历四年（1576 年），岁次丙子，与刘侗所记同。

刘侗所记：双林寺"三大士西番变相也。相皆裸而跣，有冠、有裳、有金璎珞，狮、象、狮各出其座下。中金色，勇猛丈夫也，五佛冠；上二，交而杵铃；下二，趺而坐。左右各蓝色，三目，彩眉，耳旁二面，顶累二首，首三项腰，各周以髑髅而带以蛇。左喙鼻耳角，牛也。三十二臂，一十六足，中二手交，把髑髅半额而铲取其脑。其三十手所执械：号者，旗幡鼓铃焉。御者，牌金火轮焉。缚者，绳。击者，槌杵。杀者，刀、叉、枪、剑、斧钺、弓矢焉。其所执残者为身头手足，肉骨血淋淋皆新，其所陈者髑髅也。足左踏皆若凤、右踏皆若马，各有人金冠合掌腰腹承之，其一人两手拍捧而悲也。右魔王鬼神像也，有耳环，一十六臂而四足，手二交而托，十四仰而托，托皆葛巴拉碗，左之碗盛菩萨，右盛虎、狮、象、驼、犀、海马，三色焉。葛巴拉碗者，解顶颅骨而金络，瓣棱尖如莲房也。足踏人四色，前仰后伏之。殿壁所遍绘亦十方如来示现忿怒尊者像也。有鞯、人革，其面爪趾宛然者，有倒络人首而为璎、蹬髑髅口而为镫者。有戴人面首，若猎而狐、兔、雉累者，有尸三刃穿、有戟三首贯者。有方啖人半身而披发垂于吻者。其计令瞻而众怖，思而猛省欤？忿怒变相，乌斯藏每贡之，曰玛哈噶拉佛。寺后一土山，山前一塔，旁皆朱樱。"以上文字描写藏传佛教密教的佛像、壁画，与今日所见并无二致，惟妙惟肖。可以看出当年双林寺所供奉的摩诃葛剌，实为明朝廷所支持者。

上将军左卫亲军都指挥使伯家奴所凿。按《元史》泰定帝元年，塑马哈吃剌佛像于延春阁之徽清亭下，《辍耕录》亦称马哈剌佛，盖梵音无定字故也。元时最敬西僧，此其像设狞恶，志乘不载，观者多昧其所自，放诗以著之。”这首诗颇有点气势，兹转录于下①：

寺古释迦院，青滑石如饴。
何年施斧凿？幻作梵相奇。
五彩与涂饰，黯惨犹淋漓。
一躯俨箕据，努目雪两眉。
赤脚踏魔女，二婢相扶持。
玉颅捧在手，岂是饮月支？
有来左右侍，骑白象青狮。
狮背匪绵幪，藉坐用人皮。
髑髅乱系颈，珠贯何垒垒。
其余不尽者，便置戟与铍。
旁记至治岁，喜舍庄严资。
求福不唐捐，宰官多佞辞。
我闻刘元塑，妙比元伽儿。
抟换入紫阁，秘密无人知。
此像琢山骨，要使千年垂。
遍翻诸佛名，难解姚秦师。
游人迹罕到，破殿虫网丝。
来观尽毛戴，香火谁其尸？

① 宿白先生最早引用这首诗于他的大作《元代杭州的藏传密教及其有关遗迹》，载《文物》1990年第10期，给予笔者很大的启发，特此致谢。

阴告久凝立，相见初成时。
高昌畏吾族，奔走倾城姿。
施以观音钞，百锭鸦青披。
题以朴嫩笔，译写蟠蚪螭。
照以驼酥灯，深碗明流离。
供以封羊心，洁于火祀牺。
红兜交膜拜，白伞纷葳蕤。
琅琅组铃语，逢逢扇鼓驰。
到今数百祀，眩惑生凄其。
但受孔子戒，漫书胆巴碑。
访古为此作，聊释怪谍疑。

作者在诗中，把杭州吴山宝成寺石壁上的摩诃葛剌像的狰狞怪诞描写得非常真切，而且对元代以来崇信喇嘛、尊祀摩诃葛剌的风气，也有皮里阳秋的月旦。作者目睹寺宇的颓圮，已经是“游人迹罕到，破殿虫网丝。来观尽毛戴，香火谁其尸?”不胜感慨系之。说明到了明末，摩诃葛剌的崇拜又逐渐衰落下去。这既与明代朝廷对喇嘛教的政策或起或落、或张或弛有关，也与内地汉族知识分子对佛教的密宗——喇嘛教持反对与批评的态度相联系。①

① 厉鹗，清代著名史学家、诗人。字太鸿，号樊榭，浙江钱塘人，举博学鸿词。作《辽史拾遗》10卷，使辽代200年事凡有可考者粲然具备。又撰《宋诗记事》100卷，亦富史料价值。《樊榭山房集》20卷，为其诗文总集。厉氏的诗及小序表明，摩诃葛剌的崇拜一度在杭州也很流行，可能与喇嘛教徒杨琏真迦在杭州担任江南佛教总统有一定的关系。至治二年（1322年）开凿的密教石窟供奉摩诃葛剌神像正是藏传佛教在内地进一步

满洲人在 1644 年入关，定鼎北京，建立大清王朝。此前，远在天聪八年（635 年），皇太极为了与蒙古人结盟，谋求逐鹿中原，曾通过西藏喇嘛作为中介，并取得了实际上的成功。

天聪八年间，察哈尔部墨尔根剌麻载护法嘛哈噶剌之金身来归盛京。此金身当元世祖时帝师帕斯巴（八思巴）用千金铸为佛像，奉祀于五台山，后移于元裔之察哈尔国。剌麻知天命已归后金，因送致太宗之廷，太宗乃于殿侧（实胜寺）造银塔一座祀之。①

这件事并不偶然，在这之后，崇德七年（1642 年），西藏的第四世班禅和第五世达赖喇嘛联合派出代表团，绕道蒙古，到达盛京，与满洲人建立了关系。往来沟通，

（接上页）
传播的例证。

傅维麟《明书》记录的故事最为有趣：一日散朝后，翰林侍读李继鼎问同僚："君等知'唵嘛呢叭咪吽'六字真言之意何解？"皆曰："不知。"李曰："我知，实乃'俺把你们来哄'也！"众大笑。明、清小说中"番僧""胡僧"皆指藏土僧人，大都是作奸犯科、以术骗人、欺世盗名、妖言惑众的反面人物。如《野叟曝言》《蜃楼志》《隔帘花影》等书，比比皆是，也可看出汉族孔孟之徒对密教的反感。又张昱的《辇下曲》云："似将慧日破愚昏，白昼如常下钓轩，男女倾城求受戒，法中秘密不能言。"（《张光弼诗集》）微言大义，语含讥刺，亦属此类。

① 载《清朝全史》（稻叶君山著，但焘译，中华书局，1925 年）。其事在《清史稿·太宗纪》天聪八年十二月丁酉："墨勒根喇嘛以嘛哈噶喇金像来贡，遣使迎至盛京。"与此正合。文中所云实胜寺内建塔祀摩诃葛剌神像事，于史有证。实胜寺内至今尚有摩诃葛剌（嘛哈噶拉）楼，位于大殿西南，二层歇山式，藏金质摩诃葛剌像，楼因此得名。楼下有小塔，葬有墨尔根都尔吉喇嘛遗骨，均不存。见于《中国名胜词典》，第 220 页。

日见亲密。①

再往前推，就该提到《大金喇嘛法师宝塔记》那一重要文件了：

法师斡禄打儿罕囊素者，乌斯藏人也。诞生于佛境，道演真净；已而演通大法，复急于普度群生。由是不惮跋涉，东历蒙古诸部。阐扬圣教，广散佛意，蠢动含灵之类，咸治佛性。及至我国家太祖皇帝敬谨尊师，倍加供给。天命辛酉年八月七日，法师示寂归西，太祖敕力修建宝塔，敛藏舍利。缘累代征伐，未建寿域。今天聪四年，法弟白喇嘛奉请钦奉皇上敕旨、八王府令旨，乃建宝塔事峻，镌石而志其盛。

大金天聪四年岁次庚午孟夏吉旦

---

① 《清史稿·太宗纪》崇德八年五月丙申："先是，图白忒部达赖喇嘛遣使修聘问礼，留京八月。至是，遣还，并赉其来使。"

《清实录》太宗崇德七年十月己亥（1642 年 10 月 25 日），"图白忒部落达赖喇嘛，遣伊拉古克三胡土克图、戴青绰尔济等至盛京。上亲率诸王、贝勒、大臣出怀远门迎之。……命古式安布宣读达赖喇嘛及图白忒部落臧巴汗来书。"八年五月丁酉（1643 年 6 月 20 日）遣还。……与达赖喇嘛书曰："大清国宽温仁圣皇帝致书于大持金刚达赖喇嘛：今承喇嘛有拯济众生之念，欲兴扶佛法，遣使通书，朕心甚悦。兹特恭候安吉。凡所欲言，俱令察干格隆、巴喇衮噶尔格隆、喇克巴格隆、诺木齐格隆、诺莫干格隆、萨木谭格隆、衮格垂尔札尔格隆等口悉。外附奉金碗一、银盆二、银茶桶三、玛瑙杯一、水晶杯二、玉杯六、玉壶一、镀金甲二、玲珑撒袋二、雕鞍二、金镶玉带一、镀金银带一、玲珑刀二、锦缎四，特以侑缄。"又与班禅胡土克图书一，书词与附送礼物同。又与噶尔马书。又与昂邦萨斯下书。又与济东胡土克图书一，鲁克巴胡土克图书一，达克龙胡土克图书一，书词及附送礼物俱同。此外，还分别与臧巴汗、顾实汗书翰，文长不录。可以说明满洲人入关之前所做的政治上的准备。

同门法弟白喇嘛建①

这件文献所署的天命辛酉即1621年，天聪四年即公元1630年，而白喇嘛即察汗喇嘛或察干喇嘛；蒙古语，察汗（察干），白也。

满洲八旗雄兵在多尔衮、多铎等将领率领下，蜂拥进关，进大都城，定鼎北京，国号大清。新的王朝开始，从此，中国王朝史又翻开新的一页。摩诃葛剌作为战神、护法大神，又受到新的战争胜利者的崇拜和尊敬。伴随着军事上的胜利、政治上的成功，于是，多尔衮在都城的东、西、南、北城及宫城大内修建了5座摩诃葛剌庙。用以酬酹这位护法战神的宏恩。同时，也表示了对藏传佛教的尊重，对于团结藏族、蒙古族起了很好的作用。尽管多尔衮早死，又被迅速地夺爵停封，削藩罢谥，撤去了一切荣誉，② 但他所提倡的尊奉摩诃葛剌一事，似乎并未受到影响。

《日下旧闻考》卷40“皇城·普度寺”条：

在里新库北。普度寺旧名玛哈噶喇庙，康熙三十三年建，乾隆四十年修，四十一年赐名普度寺。寺内殿基

---

① 辽阳文管所：《辽阳碑志选·大金喇嘛法师宝塔记碑》，第30—31页。文字稍有出入，请读者注意。

② 多尔衮事迹详见《清史稿》卷218《诸王列传》，其生前荣宠、功勋以及死后削爵、撤封、籍没、停榟，大起大落，是清朝前期一件大事。反映了宫廷内部权力争斗的尖锐、激烈程度。直至乾隆三十八年（1773年），又进行政治上的平反，恢复睿亲王的封号，“修其茔墓，春秋致祭，其爵世袭罔替”。不过那已是120多年以后的事了。

高敞，去地丈余。因初为睿亲王府，相传即南城旧宫，后改今名。右为黑护法神殿，内藏铠甲弓矢，皆睿王旧物也。①

这一段记载有好几个问题：(1)康熙三十三年（1694年）所建是否即“摩诃葛剌庙”？（2）否则“旧名”指什么时候的名称？新名当然是乾隆四十一年（1776年）所赐了。(3）寺内殿基何以是睿亲王府？睿亲王就是多尔衮，那么，他的城内旧居改建摩诃葛剌庙是在何时？(4）殿右为黑护法（摩诃葛剌）神殿，又是何时所建？是否在睿亲王在世时，府内即供奉着“黑护法神”？总之，很值得逐一探索。

故宫内至今还收藏着一批摩诃葛剌神像，金、铜合金都有，时代不一。或标为“大黑天神”“大护神”“玛哈噶拉神”等等不一。

简短的小结：（1）摩诃葛剌，唐代已传入；初，仅为财神、库厨守护神。（2）元代，由于藏族僧人尤其是萨迦派僧人的推崇宣传，其在蒙古兵力南征时助兵获胜的灵应故事备受尊崇。在京郊涿州、五台山等处建寺祠祭，最后进入宫廷。(3）明代一直处于或起或落的状况。(4）清代，由于尊崇喇嘛教，而摩诃葛剌的作用再次地受到宣扬，在北京建造了5座摩诃葛剌庙。在江南杭州

---

①《日下旧闻考》，是窦光鼐、朱筠等人根据朱彝尊的《日下旧闻》一书加以增补考证而成。由于乾隆皇帝亲自下诏，组织了以于敏中、英廉等人为总裁的审稿班子，所以，在乾隆五十二年（1787年）刻版时加上了“钦定”字样。写作过程历时13年之久（1774—1787年），成为关于北京地方史料最完备的专著。北京古籍出版社，1981年新排印本。

等处，亦有摩诃葛剌庙等遗迹。（5）元、清两朝都是以少数民族入主中华大地，而且都是依靠军事力量的胜利而获得成功。他们从心理上总有一点恐惧感，需要神的力量加以护佑；而对于广大的汉族人民宣传 Mahākāla 的灵异，也正是这种心理的反映。Mahākāla 的神话由此而兴。

附记：

此文的正文部分，曾于 1992 年 8 月 23 日在第六届国际藏学研讨会（挪威法根尼斯）上以英文译稿演讲。1992 年 10 月 5 日在伦敦大学亚非学院，又作一次同一题目的演讲。1993 年，谨以汉文本全文祝王锺翰教授 80 华诞。

（原载蔡美彪主编：《庆祝王锺翰先生八十寿辰学术论文集》，辽宁大学出版社，1993 年。）

清廷治藏盛事有见证

——介绍台北“故宫博物院”所藏几件藏传佛教文物

1994年5月3日至8月2日，笔者应邀到台湾台北政治大学讲学三个月。适逢其会，设在台北士林区外双溪的故宫博物院举办“藏传佛教法器特展”，承蒙在该院典藏部任职的蔡玫芬、胡进杉、葛婉章等几位藏学研究专家热情相邀，两次前往参观。这批文物大部分原藏于北京故宫大内（慈宁宫、雨花阁、养心殿、敦本殿），也有部分原藏于承德避暑山庄及沈阳故宫，器物精美，款式圆熟。台北故宫博物院特展说明指出：“院藏历代文物丰富，是为中华文化精华之表征。”举办展览“期能导引世人了解人类文化之衍进，并正视中华文化在人类文化衍进中的地位。砥砺国人继承中华文化深厚的传统，开创更灿烂、更辉煌的新的华夏文化。”

参观台北故宫博物院的“藏传佛教法器特展”同时，不由得想起1992年8月起在北京故宫博物院举办的“西藏佛教文物精品展”，笔者应邀顾问其事，参与拣选、拟定、解说和设计的工作，对宫内所藏极为丰富的文物有所了解。两处故宫同出一源，花开两朵，同生一根。东望云天，瑶台有路。“国家统一，民族团结”，乃全国同胞的共同愿望。文物虽小道，亦可见其大端也。兹举在台北故宫博物院所见之几件重要藏传佛教文物，供同好共赏。

一、嵌珊瑚松石坛城

主办此次特展的蔡玫芬女士，对此件有十分细腻的描写："直径32公分，顶用切割整齐、色泽均匀的绿松石嵌镶。中央是象征宇宙中心的须弥山，四方以抽象符号象征四大部洲，周围再绕以一圈浑圆硕大的珊瑚串。金属镀金的周壁，以锤鍱技巧形成细腻的浮雕卷枝番莲纹上涌立各样珍宝；另以多种金属细工，如圆的金珠焊连成串，细扁金丝缠垒成细密的卷草纹等等，作边缘的细部装饰。"她的评价是："全器无论金属工的紧密或珊瑚、松绿石的质材，均属上乘之作。"

按此件为第五世达赖喇嘛阿旺洛桑嘉措（ngag dbang blo bzang rgya mtsho，1617—1682年）于清顺治九年至十年（1652—1653年）晋京朝见时所献的礼贡之一。坛城内有详细文字说明，文分汉、满、蒙古、藏四体，汉文7行共54字，今录于下：

　　利益金造曼达乃

世祖皇帝时五辈达赖来京供于西黄寺章嘉胡土

　　克图以其吉祥万年寰宇康宁众生利益故

　　奏

　闻

皇上请于

　　内庭供奉

藏文说明与汉文内容相同，共15行，转写如下：

gser las grub pavi

maṇḍala byin can vdi nyid ta

lavi bla ma lnga pa gon sa shiv

tsu rgyal povi ring la rgyal khab

chen por vongs skabs lha

khang chen po nub ma la mchod

pa yin zhing lcang skya hu thog

thus vdi nyid lo khri phrag

mang por bkra shis sa steng

yongs la bde skyid kyis khyab

cing sems can thams cad

kyis phan bde thob par

vgyur bavi legs tshogs

can yin par shes nas zhus ten

du spyan drangs shing mchod pavo

藏文将京都、京师译为 rgyal khab chen po，即大邦、大都。西黄寺译为 lha khang chen po nub ma，即西大寺，皆循旧俗，颇见当时习尚。达赖喇嘛朝觐一事，在大清王朝开国之初固然是一件十分重大的盛典，在西藏地方历史和藏传佛教历史上也是极为隆重的举措。

《清实录》顺治元年、三年、四年都记载清廷一直与西藏保持着联系，内廷与达赖喇嘛之间音问不断，进贡与馈遗不绝。

顺治五年（戊子）五月甲申（1648年7月10日）：“遣喇嘛席喇布格隆等赍书存问达赖喇嘛，并敦请之。又遗书存问班禅胡土克图讷门汗，俾劝达赖喇嘛来京。各赐以金镶玉带、银茶筒等物。”顺治六年（己丑）八月丁酉（1649年9月16日）：“达赖喇嘛遣使奉表，言于壬辰年夏月朝见，并贡方物。”这是达赖喇嘛正式表态，将亲自晋京陛见，并预报了晋京的时间为壬辰年夏月（即顺治九年，1652年）。此后，顺治六年、七年、八年按例进贡，朝廷赏赉如前。顺治八年三月遣官赍敕谕、礼物，往召达赖喇嘛。这还不够，同年四月又遣多卜臧古西等赍谕书、礼物，往召达赖喇嘛。

事实上，据藏文本《五世达赖喇嘛传》可知其确切动身日期为壬辰年三月十五日，“从吉祥方向吉德山嘴经过乌察木，抵达丹巴林卡中预先安设的帐幕之处”。[①]《清实录》顺治九年（壬辰）正月癸酉（1652年2月9日）：“汤古忒[②]部落达赖喇嘛表奏来朝起行日期。”顺治九年二月丁未（1652年3月14日）：“遣理藩院侍郎沙济达喇同户、礼、兵、工四部理事官，往迎汤古忒部落达赖喇嘛。赐达赖喇嘛袍、帽、鞍马、珍珠数珠等物。”朝廷眼看达赖喇嘛就要动身来京，未雨绸缪，紧锣密鼓做了许多具体的事务安排。定赏赉达赖喇嘛使臣例：每头目二人、随从役卒二十八名，共赏二等玲珑鞍马一、银茶筒一、银盆一、缎三十、毛青梭布四百、豹皮五、虎皮三、海豹皮五。八月十八日达赖喇嘛抵达塔尔寺。

达赖从者三千人，浩浩荡荡，先提出觐见之处或在

---

① 陈庆英、马林：《五辈达赖喇嘛进京记》，《中国藏学》1992年第2—4期，1993年第2期。以下有关引文均见该文，不一一出注。

② 所说汤古忒或唐古特，均为西藏的不同称名，宋元之际蒙古人称之为唐兀，出于藏语 thang gur。

归化城，或在代噶地方，后改为京师。十一月十六日，达赖喇嘛一行“抵达皇帝在克日代噶为我新建的驻处，一处带着围墙的汉式行宫”。“十一月二十七日启程进京，十二月初五经张家口城边。”“十二月十六日，我们前往皇帝驾前。”

《清实录》顺治九年（壬辰）十二月癸丑（1653 年 1 月 14 日）：“达赖喇嘛至，谒上于南苑。上赐坐、赐宴。达赖喇嘛进马匹、方物，并纳之。”顺治十年（癸巳）正月戊寅（1653 年 2 月 8 日）：“上御太和殿，赐达赖喇嘛宴。”“正月十一日进宫，遵旨前往，觐见。”五天之后，又在太和殿再次举行国宴，隆重招待达赖喇嘛，并赐金器、彩缎、鞍马等物有差。而且，奉旨：“达赖喇嘛一行，诸王依次设宴，就彼馆舍款之。”也就是让达赖喇嘛与王公大臣普遍接触，广泛交往，扩大其影响。

《清实录》顺治十年二月乙卯（1653 年 3 月 17 日）：“以遣达赖喇嘛归，上御太和殿，赐宴并鞍马、金银、珠玉、缎匹等物。”两天以后，二月丁巳达赖喇嘛辞归。命和硕承泽亲王硕塞偕固山贝子顾尔玛洪、吴达海率八旗官兵送至代噶地方。“二月二十日，自黄寺启程返回。”又命叔和硕郑亲王济尔哈朗、礼部尚书觉罗郎球饯于清河。礼节规格极高，做到严针密线，无懈可击。两个月后，四月丁巳（1653 年 5 月 18 日）遣礼部尚书觉罗郎球、理藩院侍郎席达礼等赍送封达赖喇嘛金册、金印于代噶地方。“前五月初一日，此时皇帝颁赐汉、满、藏三种文字合璧金印金册。”这就是著名的历史上第一次由中央政府正式册封达赖喇嘛的册、印。册文曰：

朕闻兼善独善，开宗之义不同；世出世间，设教之途亦异。然而明心见性，淑世觉民，其归一也。兹尔罗布臧札卜素达赖喇嘛，襟怀贞朗，德量渊泓，定慧偕修，色空俱泯，以能宣扬释教，诲导愚蒙，因而化被西方，名驰东土。我皇考太宗文皇帝闻而欣尚，特遣使迎聘。尔早识天心，许以辰年来见。朕荷皇天眷命，抚有天下，果如期应聘而至。仪范可亲，语默有度，臻般若圆通之境，扩慈悲摄受之门。诚觉路梯航，禅林山斗，朕甚嘉焉！兹以金册印封尔为"西天大善自在佛所领天下释教普通瓦赤喇怛喇达赖喇嘛"。应劫现身，兴隆佛化，随机说法，利济群生，不亦休哉！

印文曰："西天大善自在佛所领天下释教普通瓦赤喇怛喇达赖喇嘛之印。"册印文字用满、汉、藏三体。实物俱在，现藏于西藏自治区文管会。

《清实录》顺治十年（癸巳）五月乙亥（1653 年 6 月 5 日）："达赖喇嘛自代噶起程返藏，命固山贝子吴达海饯之。"六月丙午（7 月 6 日）："达赖喇嘛表谢颁赐册印及封号，附献马匹、琥珀等物。"至此，五世达赖喇嘛晋京朝觐的大事圆满结束，在中国民族关系史和中央政府与西藏地方政府的历史上留下极其光辉的一页。

上面提到的五世达赖贡礼之一的"嵌珊瑚松石坛城"，就是这一时期由西藏赍送北京的。当时，由于达赖喇嘛驿馆西黄寺，此件遂留在该地供养。后于乾隆年间，章嘉呼土克图（当为三世若必多吉，rol pavi rdo rje，1716—1786 年）接受"管理京师寺庙喇嘛扎萨克达喇嘛"的封授以后（事在乾隆元年十二月二十一日），从西黄寺内奏请移在内庭养心殿供奉。而《五世达赖喇嘛传》记载“达赖喇嘛献给皇帝上千种不同的礼品，其中包括一些用珊瑚、琥珀和青玉串成的饰物”，即包括此件坛城也。

坛城，在上引顺治—乾隆之间译为曼达，是梵文 maṇḍala 的音译。自古以来译名颇多不同，或作曼荼罗、曼陀罗、曼扎，意译为坛场，为正意；就其内涵意义而言，以轮围具足，或“聚集”为本意也。《不空罥索陀罗尼经》：“曼陀罗，此云坛也。”① 《大日经疏》三：“十世界微尘数大悲万行波罗蜜门，犹如华藏三乘六道无量应身，犹如根茎条叶，发晖相间，以如是众德轮圆周备，故名曼荼罗也。”② 实际上指一切圣贤、一切功德的聚集之处也。藏语译作 dkyil vkhor，《藏汉大辞典》第 63 页有解释：“坛城，道场，轮圆具足。梵音作曼荼罗，亦译曼拏，密乘本尊及其眷众聚集的场合。”亦可见其大意。贡献这一礼品，意味着五世达赖喇嘛对中央政府大皇帝权威盛德的最高、最美的赞颂。

二、六世班禅进呈的颅骨数珠

此为六世班禅额尔德尼洛桑班登伊西（blo bzang dpal ldan ye shes，1738—1780 年）于乾隆四十五年（1780 年）来京庆贺乾隆皇帝 70 大寿时，向皇帝呈进的礼品之一。在礼品数珠檀木盒内，亦有文字说明。文分

① 《大正藏》第 20 册，第 418 页中。

② 《大正藏》第 39 册，第 610 页中。

汉、藏、满、蒙四体，汉文4行共33字，文曰：

乾隆四十五年十月二十七日

班禅额尔德尼在

宁寿宫念经　呈

进嘎布拉念珠一盘

藏文10行，转写如下：

gnam skyong dgung

lo zhe lnga pavi zla

ba brgad pa tshes

gsum la pan

chen er te nivi

nying shovu gung du

chos gnang bavi

skabs gus pas

phul bavi thod pavi

vphreng ba gcig

这份说明中的宁寿宫是大内宫殿之一，曾建坛奉佛，六世班禅曾在此诵经为皇帝及皇室祝寿延福。嘎布拉，亦有译作嘎巴拉，乃为梵文 kapāla 的音译，意译为 thod pa，即颅骨、天灵盖骨，有时作法器、供器用。藏传佛教法器中以此为灵物。最奇怪的是，汉文作乾隆四十五年十月二十七日，而藏文则书为乾隆四十五年八月初三日。班禅以痘症于十一月二日（丙子）圆寂于西黄寺，在去世前五天，汉文所记十月二十七日尚在宁寿宫念经，藏文所记八月初三日当为另一次活动。

六世班禅晋京祝寿一事，几乎与五世达赖晋京朝见同等重要，为有清一代中治藏盛典。乾隆帝特别注意，引为毕生一大快事。《章嘉国师若必多吉传》藏文本①第21章《班禅大师进京陛见》即专叙此事，甚为详实，可以参考。《清实录》乾隆四十三年（戊戌）十二月乙丑（1779年1月26日）：

谕军机大臣曰：……昨据章嘉呼图克图奏称，班禅额尔德尼因庚子年为大皇帝七十万寿欲来称祝。朕本欲见班禅额尔德尼，因道路遥远，或身子尚生（未出过痘），不便令其远涉。今既出于本愿，实属吉祥之事，已允所请。是年，朕万寿月，即驻热河，外藩毕集。班禅额尔德尼若于彼时到热河，最为便益。已谕令于热河度地建庙，备其居住。至沿途应办事宜尚多，均系理藩院承办，虽为日尚宽，而早为部署，更觉从容妥当。

到了乾隆四十四年（己亥）正月丁未（1779年3月9日）：

谕军机大臣等：明年七月间，班禅额尔德尼来避暑山庄谒觐。届期朕欲遣皇六子迎接，例应有一领侍卫内大臣随往，尤须得一老成练达者方妥。永贵熟悉外藩事务，且伊原系总谙达，朕欲即令伊为领侍卫内大臣总谙达，随皇六子前往。着传谕申保即于二月内驰驿赴乌什，到彼后传旨，令永贵速行交代起程来京。

接待、护送等等准备工作已经开始紧张地进行。到

① 有陈庆英、马连龙汉译本，民族出版社，1988年。

了乾隆四十四年三月乙巳（1779 年 5 月 6 日）：

谕军机大臣等：……据留保住（时为驻藏大臣）奏称，班禅额尔德尼拟于本年六月十七日自西藏起程，留驻塔尔寺，于明年由青海西宁一带行走，前至热河等语。其经由陕、甘、山西等省，俱有应行预备事宜，应令该督、抚来京面谕妥办。

班禅起程日期和行程路线均已确定，接待这位藏族宗教领袖的气氛更日益浓郁起来，连途经道路的整修、行馆的安排、兵丁的护卫、粮草的供应，都一一做了明确落实。皇帝还不放心，乾隆四十四年六月戊寅（1779 年 8 月 7 日）：

又谕：明岁班禅额尔德尼入觐，在岱汉庙住宿数日。着派德保驰驿前往张家口，会同常青查看岱汉庙宇，如有应行修理之处，伊二人公同酌定具奏。

乾隆还对接待准备工作给了一个原则：不可草率迟误，亦不得张大浮费。而署陕甘总督、陕西巡抚毕沅深知皇帝的心理，他提出："伏思此事，固不宜张大浮费，现饬司道择其必不可缓者预备。但班禅额尔德尼以外藩初次入觐，凡款待供帐，俱须整齐新洁，妥协适中。至沿途桥道，亦饬员略为修治，以利遄行。"皇帝批语："一切俱妥，可嘉。"① 可说是得了个头彩。皇帝还一再

① 《清实录》乾隆四十四年七月辛亥。

向臣工解释："至于西藏班禅额尔德尼预请觐祝，实属吉祥盛事，是以允其前来，即令于山庄瞻谒，俾从其便。"①为此特殊的接待工作，颁发给总负责人伍弥泰一枚钦差大臣关防，以备沿途奏事、行文钤用。② 一年一度的木兰围场的哨鹿活动，也因班禅前来热河朝觐筵宴而停止举行。可说是万事俱备，只欠东风了。

《清实录》乾隆四十五年七月丁酉（1780 年 8 月 20 日）："班禅额尔德尼自后藏入觐。上御依清旷殿召见，赐坐、慰问、赐茶。"而且用藏语与之交谈。乾隆引为自豪的是，他学习蒙、藏、维等少数民族语言，对话不需通过翻译。有诗为证："对语不须资象译，通情洽惠系深恩。"③ 这并不是虚构的，这次做了充分、长期准备的觐见，皇帝当然十分惬意，还写诗以志其盛：

祝釐远至卺宗风，三接欣于避暑宫，
敬一人而千万悦，垂名册亦乃予同。
雪山青海胥增忭，色罽精金许献衷，
初见宛然旧相识，本来如是非神通。

后来，在祝寿活动的节日气氛里，乾隆又在万树园、淡泊敬诚殿、卷阿胜境殿等处多次接见、召饮班禅，赐茶果、赐观火戏。那金碧辉煌的完全仿照扎什伦布寺原型所建的须弥福寿寺，更是出于匠心的高超制作。乾隆

① 《清实录》乾隆四十四年八月己巳。
② 《清实录》乾隆四十四年十一月丙午。
③ 《清高宗诗文全集》卷 10。

一首御制诗，道出他心底的奥秘：

圣僧永祜小栖迟，神御巍临欲觐宜，
今佛云当拜古佛，古时希有见今时。
旧藩新部益生敬，设席承筐共受釐，
中外一家逮葱岭，大清万载巩天禧。

所云“中外一家，大清万载”，是这次与班禅会见的感情的升华，也是乾隆帝事业的高峰。可惜，好景不长，八月甲戌，乾隆自热河回銮京师，班禅随驾进京，还在南苑德寿寺接谈，并安单于西黄寺驻锡，讲经弘法，礼敬供养，赐以玉册、玉印。本文所介绍的“嘎布拉颅骨数珠”，大约就在入京之后，在宁寿宫诵经后呈进皇帝的。不意就成了最终的遗物。班禅大师于十一月初二日（丙子）以痘症圆寂于西黄寺。高宗为之辍朝一日，悲悼不已，敕命亲王致祭，近畿各喇嘛寺诵经 49 天。祭礼之隆重也是空前的。翌年，奉舍利金龛返藏，高宗亲临西黄寺拈香送行。并命于西黄寺之西侧，建清净化城塔，内藏班禅生前常用的经咒衣履，永为纪念。乾隆御制《清净化城塔记》，以垂永远之哀思，至今塔记犹存。1985 年，十世班禅大师在西黄寺旧址开办了中国藏语系高级佛学院，阐扬宗风，弦歌不绝，梵呗松涛，映月千江，丁大千世界，作无量利益矣！

三、其他法器及饰物

除了本文介绍的两件与五世达赖和六世班禅这样极

其重要的历史人物有关的文物之外，在展览的众多法物和饰物中还有：

1. 五世达赖呈进的扎嘛噜（ḍa ma ru）手鼓和铃杵法器，均为二世、三世达赖持用之物，贵重逾常。

2. 1793年济咙呼图克图呈进的纯金托座的颅骨碗嘎巴拉（kapāla）。

3. 1749年章嘉呼图克图呈进的塔尔寺白檀木枝叶，上有“唵、巴、打、吽、拉”字形。

4. 1778年六世班禅呈进的金噶乌（gavu），附78粒香珠一串。

5. 1780年六世班禅呈进的嵌宝石金胎绿珐琅盖罐，内储藏红花。

6. 1795年七世班禅呈进的金嵌松石噶乌。

7. 1851年十一世达赖呈进的蜜蜡数珠一串，124粒。

8. 1875年八世班禅呈进的珊瑚数珠一串，115粒。

9. 1895年九世班禅呈进的蜜蜡数珠一串，108粒。

此外，珍珠帽、金刚杵、唐卡、藏刀等物，无一不蕴藏着民族友谊的情怀和宗教弘扬的圣光。参观这一展览的时间是短暂的，留下的记忆和回味却是深刻的、久远的。

（原载《中国西藏》1994年第6期）

台北故宫博物院藏一件驻藏大臣奏折介绍

——嘉庆治藏政策平议

一、前　记

1992 年 8 月 21—28 日，在北欧挪威王国的法根尼斯（Fagenis，Norway）小镇，举行第六届国际藏学研究讨论会，聚集了世界各国学者近 200 人。我国共有 31 人参加（大陆包括在海外留学人员 25 人，台湾学者 6 人），台湾学者系第一次参加这个会议。海峡两岸同道在会上会下相互支持，声气相求，十分融洽。① 在台北的故宫博物院内，有许多档案，其中西藏档甚为丰富，早有所闻。蒙台湾故宫博物院的胡进杉先生慨然相赠两件驻藏大臣奏折复印件，字迹清晰，首尾俱全，略一阅读，即可测知其重要意义。今将其中之一，台湾故宫博物院编号 010641 号，即“玉宁、文弼奏折”，公之于众。同时，就有关史实略加考订诠释。因其事有关于嘉庆皇帝治藏方针政策，不揣谫陋，臆陈如下。适逢承德避暑山庄建园 290 周年清史讨论会在承德举行，胜友如云，机缘难得，乃以拙文奉请与会专家指正。

① 参见拙文：《台湾近期藏学论著述评》，《中国西藏》1993 年第 2 期。

二、录 文

台湾故宫博物院编号 010641 号（原件直行，共 71 行，行 21 字。抬头、空格悉依原件）：

奏

奴才玉宁、文弼跪

奏：为钦奉

谕旨，恭折复

奏。事前准成都将军特清额恭录移咨，嘉庆十三

年二月初九日奉

上谕：特清额奏，途次接奉谕旨，驰赴西藏，颁赐达赖喇嘛等赏件，并遵旨明白宣示。一折所论，俱是此次呼毕勒罕出世，诸多征验，实为吉事有祥，殊堪嘉慰。特清额驰抵西藏后，当时晓谕班禅额尔德尼、济咙呼图克图等，以前指称呼毕勒罕出世，率多牵合附会，或仅小着灵验，不足凭信，仰蒙

高宗纯皇帝特赏金本巴瓶，饬令书名封贮诵经签掣，以防弊混。今达赖喇嘛甫逾二岁，异常聪慧，早悟前身，似此信而有征，洵为从来所未有。是以大皇帝于驻藏大臣奏到后，即降旨加恩，令其作为达赖喇嘛呼毕勒罕，设当

高宗纯皇帝时，亦必立沛恩施，无须复令贮瓶签掣，但此系仅见之事，且征验确凿，毫无疑义。嗣后自应仍照旧章，不得援以为例。倘因稍有端倪即附会妄指，一经查明，必当治以虚控之罪。并着驻藏大臣等，将此旨敬

谨存记，一体钦遵办理。仍着特清额于颁赏达赖喇嘛呼毕勒罕时，令通事询问，试验如何灵敏出众之处，将实在情形详细复奏。将此由驿传谕特清额，并谕玉宁文弼知之。钦此。奴才

等跪读之下，仰见

皇上恩实施于

格外，法仍执以

大中，万里番情，皆在

圣明洞鉴之内。奴才等实钦佩之至，当即敬谨存记，入于交代册内永远遵行。并恭译夷字二道：一交班禅额尔德尼于扎什伦布，敬谨存记；一交济咙呼图克图于布达拉，敬谨存记。据班禅额尔德尼、济咙呼图克图告称：

高宗纯皇帝圣旨，即与佛留戒律一样，我等不敢违背佛制，如何敢不恪遵圣旨。实因此呼毕勒罕出众灵奇，为从来未有之事，足以冒昧

奏恳

圣恩，仰蒙

俯准。是皆托

大皇帝鸿福，

高宗纯皇帝

在天默佑之恩所致。达赖喇嘛呼毕勒罕到藏以来，真是嘉祥叠见，瑞应有征，断非人力所能附会，亦断非寻常呼图克图喇嘛所能感召者。我等惟有凛遵

圣训，万世奉行，断不敢妄生希冀。嗣后益当率领众喇嘛，虔诚念经，恭祝大皇帝万寿无疆，普天下亿万众生常享

升平之福等语。兹

钦差将军特清额于四月十九日到藏，恭宣
恩旨。颁赐
赏件之时，奴才等在旁细看达赖喇嘛，举止从容，应答敏捷。班禅额尔德尼、
济咙呼图克图及阖藏僧俗感激
天恩万分，真切具欲专差堪布恭赍
奏书随特清额回成都之便，赴京呈
奏。奴才等令其拣派熟身堪布，少带从人，于四月二十八日随特清额自
藏起身讫至。特清额遵
旨试验达赖喇嘛，并达赖喇嘛、班禅额尔德尼、济咙呼图克图及阖藏僧俗
感激
天恩各情形，由特清额具
奏外，所有奴才等钦奉
谕旨敬谨存记原由，谨恭折
奏
闻，伏祈
皇上圣鉴。谨
奏。
知道了！

嘉庆十三年四月二十八日

三、考 索

（一）奏折中几位有关人员

玉宁：他塔喇氏，满洲正红旗人。乾隆四十七年

（1782年）由官学生考取中书。到了嘉庆十年（1805年）正月，已累迁至理藩院右侍郎，主管民族事务。后，以正黄旗副都统职衔任西宁办事大臣，直接接触到藏族事务。嘉庆十年（1805年）十一月任驻藏办事大臣，进衔正红旗汉军都统。十三年（1808年），接手办理第九世达赖喇嘛转世坐床一事。时，文弼为其副手——帮办大臣，二人同署奏折，同年十二月卸任。十七年（1812年）任乌里雅苏台参赞大臣，十九年（1814年）卒。①

文弼：满洲正红旗人。嘉庆五年（1800年）已任西安右翼副都统，七年（1802年）任成都副都统。九年（1804年）十月达赖有疾，奏旨带医驰往看视，未抵藏而达赖已于当月在布达拉圆寂。十年（1805年），与玉宁同时拜命，任驻藏帮办大臣。十二年（1807年），进衔镶黄旗蒙古副都统。十三年（1808年），与玉宁共同办理九世达赖喇嘛转世坐床事，同署奏折。十月已奉命继玉宁为驻藏办事大臣。何时离任，史籍失载。但嘉庆十六年（1811年）二月，以阳春（又名阳春保）为驻藏办事大臣。大概就在此时，文弼失去这一职务。原因是对布鲁克巴部长请封名号一事，擅自驳回，又未入奏，以溺职罪革职。②

---

① 吴丰培、曾国庆：《清代驻藏大臣传略》，第114—116页。《仁宗实录》卷159—191。《耆献类征初编》卷104《玉宁传》。

② 吴丰培、曾国庆：《清代驻藏大臣传略》，第112—113页。《仁宗实录》卷202、228、232、239、251。以上二人的任命，见于《清实录》嘉庆十年乙丑十月甲申："以成都副都统文弼为驻藏帮办大臣。"嘉庆十年十月壬辰："以驻藏大臣成林为伊犁领队大臣，西宁办事大臣玉宁为驻藏大臣。"嘉庆十三年戊辰十月己巳："命驻藏大臣玉宁回京。以帮办大臣文弼为驻藏大臣，镶黄旗蒙古副都统隆福为帮办大臣。"

特清额：钮祜禄氏，满洲镶黄旗人，为著名疆臣策楞第二子（策楞三子：特通额、特清额、特成额）。《清史稿》有传，附在卷314《策楞传》内，极简短："初发杭州披甲。自上虞备用处拜唐阿，十一迁，至嘉庆间授成都将军。尝两摄四川总督。"此奏折所提及特清额奉命以特使入藏时，职衔正是成都将军，与本传合。其所以有入藏宣谕皇帝特旨拜命，实与家世渊源有关：其父策楞曾从傅恒征金川，参赞军务（实际上，因为其兄讷亲在金川战事中充当了替罪羔羊，乾隆为了平衡而起用策楞）。后又在西藏珠尔墨特之乱中，与岳钟琪一道戡难定藏，并与兆惠、纳穆札尔、班第等"遵循大皇帝之命"，制定《酌定西藏善后章程十三条》，在藏事中影响颇大。以其子特清额来藏宣命，当然是发挥其历史影响。而当时正任成都将军，就近入藏也是显示其现实作用。①

班禅额尔德尼：是为第七世班禅，法名罗布藏巴勒垫丹贝宜玛（依现代藏语译作：罗桑班登·丹贝尼玛）。六世班禅班登伊西于乾隆四十五年（1780年）入京参见。至热河，为皇太后及皇帝祝嘏，备受优渥礼遇；返京，居西黄寺。颁玉册、玉印。不幸以痘症圆寂。七世班禅颇受朝廷优礼，乾隆五十三年（1788年），廓尔喀扰边时，奉诏移座泰宁，② 平复后归后藏。此奏折启奏时，班禅已27岁，按藏传佛教习俗，应为达赖转世之主

① 《清实录》嘉庆十三年（戊辰）二月乙亥："上谕：谕军机大臣等：特清额奏，途次接奉谕旨，驰赴西藏，颁赐达赖喇嘛等赏件，并遵旨明白宣示。"看来，特清额已在二月之前接旨进藏，并有奏折。

② 《清史稿·藩部传》"西藏"列有小传。因廓尔喀扰边而移驻泰宁，事见《西藏图考》。

要负责人。七世班禅于咸丰二年（1852 年）圆寂，寿高七十有二。

济咙呼图克图：rje drung ho thug thu，即功德林大栻呼图克图，为有清一代在西藏最具权威的格鲁派四大王佛之一。达赖圆寂后，即可充任摄政，直至新一辈达赖亲政之前，实际上掌握全藏政教，权重一时。乾隆五十六年（1791 年），乾隆帝命济咙呼图克图掌办商上事务，极具权威。八世达赖喇嘛强白嘉措于嘉庆九年（1804 年）圆寂，帝命掌办商上事务的济咙呼图克图摄政，并负责寻找达赖的转世灵童。故于此奏折中提到他的名号。实际上，他在当时西藏政治舞台上具有极其重要的地位和身份。班禅（七世）虽然位在其上，但远驻日喀则扎什伦布寺，前藏事务例由摄政来管理，也可以由他决定后通知班禅，报备而已。济咙呼图克图作为转世活佛，另见《番僧源流考》。①

（二）活佛转世与金瓶掣签

佛教传入藏区已经 1200 余年，与当地原有的崇拜苯教（bon）长期交融，互为表里，成为藏族人民普遍的信仰。这种佛教是藏化了的佛教，是在历史长河中经过改造、重构，带有鲜明民族特色的文化现象，实际上成了

---

① 远在康熙二十一年（1682 年），第巴桑结即派遣济隆（咙）呼图克图往准噶尔蒙古，表面上劝噶尔丹归顺，实际上密嗾准部入侵漠南。二十九年（1690 年），清军在乌兰布通大败准部，济咙呼图克图又出面向清军乞和，“顶佛立誓，以误追师”。噶尔丹得以逃脱。三十二年（1696 年），皇帝致书桑结，严责其罪，其中即明指济咙呼图克图的过失，并提出要将济咙械送京师。三十三年（1697 年），济咙被遣送北京待罪，皇上开恩，软禁于北京安定门内东侧一座特修的僧院，名为济咙仓，今犹存。其后大概在家圆寂，转世活佛又在藏恢复其地位与权力。

藏族人民大众思想、文化中的重要组成部分。其历史、教派、奥义、人物、寺院、经典等各个方面，已有若干论著问兴，不用赘述。① 今仅就其特点之一“活佛”与“活佛转世”略加介绍。

“佛”在藏语里译为“桑结”（sangs rgyas），意思是“觉悟者”，与古代汉语译为“圆觉”“正等觉”相合。佛不是居高临下俯视众生的神，不是创业的造物主，不像西方宗教里万能的上帝，而是实实在在的人；是创立某一种思想、教义，而且亲自实践，取得最高成就的典范。佛具有某种超凡脱俗的精神力量，成为信仰者的朋友和导师、亲人和保护者。但，他不能送人进天堂或打人入地狱。人的归宿得由自己的行为负责，因果律起着决定性的作用。人们对佛崇敬、膜拜、顶礼，不过表示出自己内心的愿望和祈求，希望得到他的引导和指示。在西藏，这样的社会心理的背景下，人们渴望能有更具真实感的佛存在。

佛教在藏族地区逐渐形成派别，特别是 11、12 世纪以后，各地豪强势力与宗教派别相结合，宗教寺院形成了一个个思想文化、经济运营的中心，甚至也成为政治的中心。这些中心里，要解决继承人的问题，为了避免世俗统治者的操纵，而且不愿意看到这些中心的经济力量散失，也需要借助于“佛”的力量。需要佛的代表、

① 参见王森：《西藏佛教发展史略》，中国社会科学出版社，1987 年。按此书为王森先生力作，1963 年曾以《关于西藏佛教史的十篇资料》的名义，铅印 300 部，对国内藏学研究影响极大。牙含章：《达赖喇嘛传》，人民出版社，1984 年。班班多杰：《藏传佛教思想史纲》，上海三联书店，1992 年。蔡志纯、黄颢：《活佛转世》，中国社会科学出版社，1992 年。

佛的化身，才有权威性，以解决这一问题。

佛教本身就有三身、三世的学说和理论。这三身中有一个“化身”之论，藏语称为“朱孤”（sprul sku）或“朱必孤”（sprul pavi sku，蒙语称为呼毕勒罕）。这一化身理论，与吐蕃时期藏族社会上普遍承认的赞普王系由天神化现的神话不谋而合，很容易得到人民大众的拥戴。

以上三种原因，是佛的转世——“活佛”产生的社会历史背景及思想基础。最早是由噶举派（bkav rgyud）的噶玛巴实行的，第一位转世活佛是都松钦巴（dus gsum mkhyen pa，1110—1193 年），此后有噶玛拔希（karma pakshi，1204—1283 年）及其转世让迥多吉（rang byung rdo rje，1284—1339 年）。这位让迥多吉，实际上是第一位被确认为“了悟前生，乘愿重来”的活佛。当他圆寂后，又有乳必多吉（rol pavi rdo rje，1340—1383 年）成为他的转世。从此，代代相传，以转世的方式，衍宗弘教。而且，受到朝廷和社会的极大尊崇。①

格鲁派（dge lugs pa）在西藏社会上取得了相当规模发展的同时，甘丹、色拉、哲蚌、扎什伦布等几座宏大的寺院先后建立。宗喀巴（tsong kha pa，1357—1419 年）和他的弟子们发起的宗教改革运动取得成功，寺院经济力量相应地日益增长，影响也在不断地扩大。格鲁派的大师们，吸收社会上已颇见成效的活佛转世制度。索南嘉措（bsod nams rgya mtsho，1543—1588 年）被确认为根敦嘉措（dge vdun rgya mtsho，1475—1542 年）

① 参见王森：《西藏佛教发展史略》，第 103—107 页。

的转世活佛，成为第三世达赖喇嘛。同时，根敦嘉措、根敦主巴被追认为第二世和第一世达赖喇嘛。第四世班禅罗桑曲吉坚赞，是第一位被承认的班禅系统的活佛，并追认了前三世班禅。格鲁派把活佛转世制度接受过来，加以程式化、制度化，普遍推行。于是，活佛转世制度成为藏传佛教的一大特点而长期存在，各派都加以利用，直到目前。①

明清两代王朝认识到宗教在西藏的影响和作用，充分加以利用。颁诏封爵，赐以金册金印、玉册玉印，赏赉优渥，史不绝书。这也是活佛转世受到社会尊崇的又一原因。明朝封授噶举派为大宝法王、萨迦派为大乘法王、格鲁派为大慈法王。这些法王在西藏具有至高无上的宗教和政治地位，而且可以由他的转世袭封。如大宝法王一直沿袭至今，1992 年 8 月坐床的、经过国务院宗教局批准认可的乌金赤列是第十七世。萨迦和格鲁（大乘、大慈）两位法王的法嗣中断，原有的金册金印至今保存。清代顺治、康熙、雍正、乾隆四朝，先后封授了达赖喇嘛、班禅额尔德尼和章嘉等一大批国师、禅师、呼图克图。由于有了朝廷封授，这些宗教界的领导人物在藏区更有权威的力量和地位，这是一个不争的事实。②

金瓶掣签是乾隆治藏政策上的一大“发明”，是把活佛转世的最后决定权掌握于中央政府的决策。嘉庆曾对

---

① 参见王森：《西藏佛教发展史略》，第 173—178 页。

② 《明史・乌斯藏大宝法王传》。《清史稿・藩部传》“西藏”。

此事有过议论，在《普陀宗乘之庙瞻礼纪事诗》[1] 中云：

> 转世相沿多诡谲，除弊特命金瓶掣，
> 决疑定众顺其情，鸿文巍焕喇嘛说。

嘉庆认为“转世相沿”，其中“弊病”甚多，而且是“诡谲”莫测，极不可信；但是为了“决疑”，为了“定众”，为了“顺从民情”，不得已才采取“金瓶掣签”的策略性措施，而将乾隆的《喇嘛说》抬了出来。

《喇嘛说》，乾隆五十七年（1792 年）御制。原碑现存于北京雍和宫内，满、汉、蒙、藏四体合璧。是乾隆乃至以后直至清末，对西藏宗教政策最为权威的解释，[2] 其中云：

> 其达赖喇嘛、班禅额尔德尼之号，不过沿元、明之旧，换其袭敕耳。盖中外黄教，总司以此二人，各部蒙古，一心归之。兴黄教，即所以安众蒙古，所系非小，故不可不保护之，而非若元朝之曲庇谄敬番僧也。

这一段话指出，朝廷封授达赖、班禅不过是沿袭元、明的传统，而重点是利用黄教来安定蒙古各部而已。又说：

---

① 嘉庆《普陀宗乘之庙瞻礼纪事诗》碑。成于嘉庆十三年（1808 年），原刻石在拉萨色拉寺山门外廊下东壁。此据张羽新《清政府与喇嘛教》转录，西藏人民出版社，1988 年。

② 以下《喇嘛说》中的引文，均据张羽新《清政府与喇嘛教》所录。

其呼土克图（呼图克图）之相袭，乃以僧家无子，授之徒，与子何异？故必觅一聪慧有福相者，俾为呼必勒罕，幼而皆习之，长成，乃称呼土克图。此亦无可如何中之权巧方便耳，其来已久，不可殚述。

这一段，表明乾隆对活佛转世的态度。既肯定“觅一聪慧有福相者”“幼而皆习之”的优选培养接班人的办法，又指出是“无可如何中之权巧方便”的措施。既承认了现实，又指出其不稳定性。乾隆作为一代雄才大略的国君，对活佛转世制度有根本性的洞悉，所以接着说：

孰意近世其风日下，所生之呼必勒罕，率出一族，斯则与世袭爵禄何异？予意以为大不然。盖佛本无生，岂能转世？但使今无转世之呼土克图，则数万番僧无所皈依，不得不如此耳。

这一段话彻底否认了活佛转世的可能，又指出在活佛转世问题上出现的种种弊端，利用职权私相授受，于是“率皆一族”“与世袭爵禄何异”？后面还明白指出：“然转生之呼必勒罕出于一族，是乃为私。佛岂有私？故不可不禁。”于是，产生了十分果断的金瓶掣签政策上的决定。

乾隆五十七年（1792 年），以嘉勇公福康安大将军为首的各族联军挥师进藏，反击廓尔喀的入侵，保卫国防。在接受廓尔喀王的投降后，班师回藏，处理西藏内部问题，与孙士毅、惠龄、和琳等人商议，并通过达赖（八世）、班禅（七世）、济咙呼图克图和噶伦等，一起议定了《藏内善后章程二十九条》（上报皇帝，批准后，加了“钦定”二字）。[①] 这是乾隆发现西藏内部存在种种问题，必须加以整顿和重新安排的一整套治藏办法，这二十九条的第一条，[②] 便是金瓶签掣的具体办法：

大皇帝为求黄教得到兴隆，特赐一金瓶。今后遇到寻认灵童时，邀集四大护法，将灵童的名字及出生年月，用满、汉、藏三种文字写于签牌上，放进瓶内。选派真正有学问的活佛，祈祷七日，然后由各呼图克图和驻藏大臣在大昭寺释迦佛像前正式认定。……这些都是大皇帝为了黄教的兴隆，和不使护法弄假作弊。这个金瓶常放在宗喀巴佛像前，需要保护净洁，并进行供养。

这个金瓶送到拉萨时，也有很隆重的礼仪。皇帝遣御前侍卫惠伦、乾清门侍卫阿尔塔锡第将金瓶护送至拉

---

① 《钦定藏内善后章程二十九条》，汉文载《卫藏通志》。藏文本存色拉寺、哲蚌寺内。牙含章：《达赖喇嘛传》，第62—71页，据藏文译汉。

② 《钦定藏内善后章程二十九条》第一条全文如下：“关于寻找活佛及呼图克图的灵童问题，依照藏人例俗，确认灵童必问卜于四大护法，这样就难免发生弊端。大皇帝为求黄教得到兴隆，特赐一金瓶。今后遇到寻认灵童时，邀集四大护法，将灵童的名字及出生年月，用满、汉、藏三种文字写于签牌上，放进瓶内。选派真正有学问的活佛，祈祷七日，然后由各呼图克图和驻藏大臣在大昭寺释迦佛像前正式认定。假若找到的灵童仅只一名，亦须将一个有灵童名字的签牌，和一个没有名字的签牌共同放进瓶内。假若抽出没有名字的签牌，就不能认定已寻得的灵童，而要另外寻找。达赖喇嘛和班禅额尔德尼像父子一样，认定他们的灵童时，亦须将他们的名字用满、汉、藏三种文字写在签牌上，同样进行。这些都是大皇帝为了黄教的兴隆，和不使护法弄假作弊。这个金瓶常放在宗喀巴佛像前，需要保护净洁，并进行供养。”

萨，济咙呼图克图率领各寺呼图克图、大喇嘛及噶布伦以下官员远程迎接，八世达赖喇嘛强白嘉措也先期下山，在大昭寺前迎候，派喇嘛等各执香花、幡幢导引，接入大昭寺内供奉。① 可以说金瓶掣签的制度，完全是乾隆皇帝精心安排的治藏、治边，利用并监督宗教活动的一个主要步骤。

（三）几个语词的解释

颁赐达赖喇嘛赏件：据嘉庆《普陀宗乘之庙瞻礼纪事诗》所记注："特赐达赖喇嘛呼必勒罕哈达一个、无量寿佛一尊、铃杵一分、珍珠纪念碧霞玐念珠一挂。令成都将军特清额赍赴西藏颁发。"旋据玉宁等奏报，达赖喇嘛呼毕勒罕于九月二十二日坐床，因特派御前行走喀喇沁亲王品级都楞、郡王多罗额驸佛珠巴咱尔，同御前侍卫、副都统，今授工部侍郎庆惠和乾清宫侍卫、副都统隆福、噶勒丹锡勒图呼图克图赴藏看视坐床，颁赐敕书、赏件并银一万两，以示优容。

金本巴瓶：此为汉、藏语合称。本巴（或译奔巴）系藏语（bum pa），意为瓶。金本巴瓶，即"金瓶"，以汉、藏语合称，似有强调遵俗之意。

呼图克图：ho thog thu，据《藏汉大辞典》第 3070 页："圣者，呼图克图。蒙古语。清代中央政府授予藏族和蒙古族地区佛教大活佛的封号，凡属这一级活佛，均载于理藩院册籍。西藏的大呼图克图，有些具有出任地方政府摄政的资格。"如奏折中的济咙呼图克图，即曾有两世于乾隆、光绪时充任摄政。

---

① 蔡志纯、黄颢：《活佛转世》，第 61 页。

此次呼毕勒罕出世，诸多征验：据嘉庆《普陀宗乘之庙瞻礼纪事诗》注：“本年（十三年戊辰）正月，据驻藏大臣玉宁等奏称：藏内各处具报幼孩九人，经济咙呼图克图驳去六人，只余三人。内惟西藏甸麻地方居住之春科土司丹怎吹忠之子，于乙丑十二月朔日降生。迄今年甫四龄，聪慧异常，早能持诵经咒，自知前身系八辈达赖喇嘛，试以前辈喇嘛所用铃杵等物，均能辨识。大众无不倾心信奉。而后藏班禅额尔德尼闻知，即亲至前藏，睹诸殊异，同深欢喜，并经玉宁等详加察验，信而有征。盖化身虽幻，而真性常存。似此灵异显然，不特化外波旬，无由伪托，去来因果，了了不迷。益征此心常住，有超乎色相之外者。”

通事：今称翻译。是专职从事汉、藏两种语文互译的工作人员，又称通司。此名甚古，盖唐代即称“通事舍人”。

夷字：即为藏文，系清代公文中对满、汉、蒙以外的民族文字的通称。

熟身堪布：堪布（mkhan po），汉译作亲教师，梵语音译作邬波驮那。寺院中领导宗教活动事务的负责人。熟身，指曾经出过痘，不会再感染天花的免疫者。藏族对内地的天花疫症视为险途，畏之如虎，故常派熟身去晋京。

四、评　议

嘉庆（1759—1820 年）于 1796 年即皇帝位，时乾隆仍具有至高无上的权威，以太上皇居权力的高峰，“传位不离位”。嘉庆不过是名义上的皇帝，一切军国大事“惟皇爷处分，朕何敢与焉”。[①] 算是顶着皇帝的虚名，看着太上皇的眼色行事，大气不敢出一口，连和坤都不敢得罪。但是，嘉庆四年（1799 年）正月初三日，太上皇晏驾，嘉庆才算真正撑起腰杆来做皇帝。立即动手拿问奸相和坤，出了一口恶气，这是嘉庆对先皇的一点纠察吧！其他方面只有类似的指责言词。

在治理西藏问题上，碰到了八世达赖喇嘛强白嘉措圆寂，新的达赖转世、确认和坐床的大事。本来，先皇明明白白定下了《藏内善后章程二十九条》，其中第一条安排得妥妥帖帖，就不用再费神另议了。但是，嘉庆帝却听从了班禅额尔德尼和济咙呼图克图的申请，免予金瓶签掣，而直接确认九世达赖喇嘛隆朵嘉措。这个问题上让嘉庆帝乾纲独断，造成了在制定了金瓶掣签制度之后，第一次免予掣签而直接确认，充分显示了嘉庆皇帝与乾隆皇帝有所区别，而且看出在治藏方针上的灵活性。

但九世达赖喇嘛隆朵嘉措只活了 11 岁，嘉庆二十年（1815 年）在布达拉宫暴亡，接着又循例寻找灵童。班禅等再次提出申请免予掣签时，嘉庆帝严厉责备驻藏大臣督办不严，轻信奏禀，并对九世达赖喇嘛隆朵嘉措是否真佛提出怀疑。这样，十世达赖喇嘛楚臣嘉措只好按《钦定藏内善后章程二十九条》办理金瓶掣签了。这虽然是在道光年间执行的，但是由嘉庆决定的。这就体现了嘉庆帝在治藏方针上的严肃性。

---

① 转引自万依、王树卿、刘潞：《清代宫廷史》，辽宁人民出版社，1990 年，第 345—349 页。

总的说来，嘉庆治藏政策就是依照《礼记·王制》所云：“修其教不易其俗，齐其政不易其宜。”①

（原载《水晶宝鬘——藏学文史论集》，台北：佛光文化事业有限公司，2000年。）

① 按照西藏的固有民俗，每一世达赖喇嘛被确认后，其家属即成为一大贵族，拥有大量的庄园、农奴和府邸。七世达赖的家属：桑珠颇章；八世达赖的家属：拉鲁；九世达赖的家属：姜乐建；十世达赖的家属：宇妥；十一世达赖的家属：彭康；十二世达赖的家属：拉鲁；十三世达赖的家属：朗敦；十四世达赖的家属：达拉。都体现了这个政策。

从“河图洛书”“阴阳五行”“八卦”在西藏看古代哲学思想的交流

一、河图洛书

太史公云：“三王不同龟，四夷各异卜。”又云：“蛮夷氐羌虽无君臣之序，亦有决疑之卜。或以金石，或以草木，国不同俗。然皆可以战伐攻击，推兵求胜，各信其神，以知来事。”① 这一描写，比较接近于当时我们多民族国家宗教文化发展情况的事实。

西藏人的先民（吐蕃、羌、犬戎），自有一套民间的占卜文化系统，也就是哲学思想的骨架。自周秦以降，直至隋唐，尽管佛教思想在藏区已逐步广泛传播，而且在文化、思想、意识形态领域取得日益发展、扩大的地位，但从敦煌石窟遗留的吐蕃文书来看，当仍是民间固有思想起绝对的作用。笔者曾以“三探一书”述其大概。②

---

① 《史记·龟策列传》自序及正文。

② 拙作“三探一书”均与陈践合撰：(1)《吐蕃的鸟卜研究——P. T. 1045 号卷子译解》，中央民族学院藏学研究所编：《藏学研究文集》第 3 集，民族出版社，1985 年。(2)《吐蕃时期的占卜研究——敦煌藏文写卷 P. T. 1047、1055 号译释》，《世界宗教研究》1985 年第 3 期。(3)《三探吐蕃卜辞——伦敦印度事务部图书馆所藏藏文占卜文书译释》，《青海社会科学》1987 年第 3 期。(4)《吐蕃时期的占卜研究——敦煌藏文写卷译释》，香港中文大学出版社，1987 年。

今再单就西藏人经常佩戴于腰间起护身符作用的铜镜图案，及藏历图上的画面来探索“河图洛书”以至“阴阳五行”“八卦”这一系列哲学思想在西藏的影响。

在“护身铜镜”和“藏历图”中心，均有一“三三幻方”（Magic Square），藏语称为“九宫”（pho brang dgu gling），或又根据苯教说法称为“九痣”（sme ba dgu），① 在正方形的9格内填以藏式字码1—9，而这9个字码分别代表了方位、五行、颜色等等。② 如图：

阿拉伯字码		1	2	3	4	5	6	7	8	9
藏文字码		༡	༢	༣	༤	༥	༦	༧	༨	༩
含义	方位	北	西南	东	东南	中	西北	西	东北	南
	颜色	白	黑	碧	绿	黄	白	赤	白	紫
	五行	金	水	木	水	土	金	火	金	水

需要说明的是，图中方位与现行号位观念相反，是上南、下北、左东、右西。

4	9	2
3	5	7
8	1	6

① 参见苯教学者、旅居巴黎的桑木旦·江村·噶尔美博士的专文《苯教历史及教义概要》（A Brief Introduction of Tibetan Bon, Tokyo, 1975）。汉文译文载《藏族研究译文集》第1集，中央民族学院藏族研究所，1983年。

② 关于藏文数字码的起源，究竟是早于印度—阿拉伯字码，抑或源于印度—阿拉伯字码，至今尚无定论，有待于进一步探索。

这1—9九个数字，在九宫内的排列位置，表现了与“河图”完全一致的神秘观念。就是在宫内横、竖、斜各行加起来总和都是15，即：4+9+2=3+5+7=8+1+6=2+7+6=9+5+1=4+3+8=4+5+6=2+5+8=15。

再请比较一下河图：

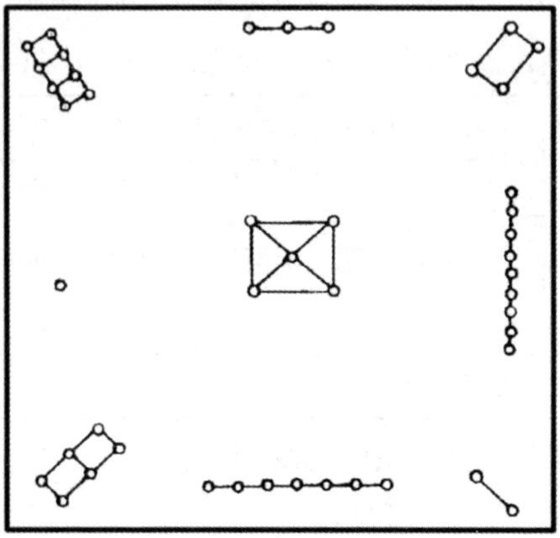

只需要把此图向左方逆时针旋转两格，即可看出与“九宫”完全一致。所不同者，藏人的九宫图取字码，河图取图像而已。

宋人邢凯在其《坦斋通论》中，有一段极为重要的描写：

河图之数，种放得之于陈抟，载九履一，左三右七，二四为肩，六八为足，五居其中，取白黑碧绿赤黄紫配之，以定吉凶，谓之九宫。①

① 此条系严敦杰先生故前面告笔者。

元人吴澂在《易纂言》一书中的说法，与宋人颇为接近，他说：

洛书者，禹治水时，洛出神龟，背之碑文，前九后一，左三右七，中五，前三右二，前三左四，后三右六，前三左八。以其坼文为字画而谓之书，禹则自其一至九之数，以叙洪范九畴。

吴澂的话是沿习了《尚书·洪范》的文字，不妨再看一下《洪范》是怎么说的：

天乃锡禹《洪范》九畴。……初一曰五行。……一、五行：一曰水、二曰火、三曰木、四曰金、五曰土。水曰润下，火曰炎上，木曰曲直，金曰从革，土爰稼穑。润下作咸，炎上作苦，曲直作酸，从革作辛，稼穑作甘。①

我们还是回到《周易·系辞传》里的说法上去整合：

河出图，洛出书，圣人则之。②

后来，经汉代刘歆的推衍，把河图洛书跟阴阳五行、八卦等一系列哲学思想的范畴统一起来，长时期成为最有影响的思想，对各兄弟民族发生了影响。相信“河图”与“九宫”传到西藏是在吐蕃时期，可以取唐李德裕所

① 黄侃手批《白文十三经》：《尚书·洪范》，第33—34页。

② 黄侃手批《白文十三经》：《周易》，第43页。

作《中书门下两省奏请崇重九宫祀典》一文为证。[①] 以图表之九宫贵神坛图如下：[②]

招	天辅	天	天英	摄	天芮
摇 （四）	巽 木 绿	一 （九）	离 火 紫	拦 （二）	坤 土 黑
轩	天冲	天	天禽	咸	天柱
辕 （三）	震 木 碧	符 （五）	离 土 黄	池 （七）	兑 金 赤
太	天任	太	天蓬	青	天心
阴 （八）	艮 土 白	一 （一）	坎 水 白	龙 （六）	乾 金 白

我们从这幅图来看，大致可以确认“九宫”即“河图”所代表的哲学思想，在唐代藏人社会中已经定型。藏族史学家明确记载这一不争的事实。蔡巴·贡噶多吉在其所著《红史》（deb ther dmar po，1363 年成书）中记载：“囊日松赞（松赞干布之父）从汉地传入历法、医药。”[③] 第五世达赖喇嘛阿旺罗桑嘉措所著《西藏王臣记》（deb ther dpyid kyi rgyal movi glu dbyangs，1643 年

① 《全唐文》卷 706。

② 此图系张建木（克强）先生生前绘赠。

③ 东噶·洛桑赤列注释本，民族出版社，第 35 页；陈庆英、周润年译本，西藏人民出版社，1986 年，第 31 页。

成书）所记与《红史》相同。[①] 土观·罗桑却吉尼玛在其所著《宗派源流晶镜史》(grub mthav shel gyi me long, 1801 年成书）中说："历算实自汉地传来，[吾藏人]摒印度之地水火风空等五大种，而采汉地之木火土金水等五行。"[②] 相传为墀松德赞（742—797 年）时期的作品、藏人目为最重要的出土古籍（gter ma）之一的《五部遗教》（bkav thang sde lnga）对此事也有较具体的记述："自汉地迎请最为著名之师摩诃衍那[来蕃]，传授汉地之医药及干支历法，并由那囊氏萨罗君担任通译之职。"[③] 受到藏学界普遍重视的藏文要籍《汉藏史集》（rgya bod yig tshang，1434 年成书）记载：

[松赞干布]挑选了蕃人中聪明有识之寨达丹、朗措多勒、甲迦多衮、达米达卡等四人，赐给每人一个金盘、八枚银币、一枚金币及路上使用的金沙半升。对他们说："你们到汉地去，学习对我们吐蕃有益的学问。以前，吐蕃只有公主带来的占卜历算书籍六十种，还有从印度翻

① 《西藏王臣记》，民族出版社，1956 年，第 24 页；郭和卿译本，1983 年。

② 《宗派源流晶镜史》，甘肃民族出版社铅印本，1984 年。引文见第 10 品即"汉地孔教、道教之品"；刘立千汉译本，西藏人民出版社，1987 年。

③ 《五部遗教》，藏文德格木刻本，kha 卷，第 60 页上。又有民族出版社铅印本，1986 年。引文中提到的摩诃衍那，即大乘和尚，其入藏传法一事请参看：敦煌遗书 P. 4646 号《大乘顿悟正理诀叙》；法国汉学家戴密微（P. Demiéville，1894—1979 年）所著的 Le concile de Lhasa（1952 年巴黎出版，汉译本题作《吐蕃僧诤记》，耿昇译，王尧校）；张广达：《唐代禅宗的传入吐蕃及有关的敦煌文书》，载《学林漫录》第 3 辑，中华书局，1981 年。

> 译的十二缘起、六日轮转等。占卜历算未能发达。要学习测算生死，推算四季天时气节，须与汉人接触。你们要努力成为学者，我一定给予重赏。”这样吩咐以后，派遣他们前往汉地。他们到了汉地，分别投拜了汉地四名学者，向其中精于推算四时季节的嘉赤、摩诃衍那学习了一年又七个月。除了推算时命以外，分别教了《明灯书》《卦书》《天地寻迹》《纸绳卦术》等测算方法。……［另有］汉地测算之学称为五大续的五支，即：《摄集证树之木续》《神灯光明之火续》《甘露净瓶之水续》《隐匿幻艳之土续》《黑色丹铅之铁续》以及其他十支古籍秘诀，等等。①

书中还接着夹叙夹议地记载，这四位学成回藏后，大展其才，如何运用所学的汉传历法、五行八卦知识，受到赞普的赞美。

至今我们还弄不清，上述记载中所称从汉地学习的那些古籍是哪几种。但是，可以确信在当时，藏人充满了向上的、朝气蓬勃的学习精神。汉藏文化大幅度的交融，② 人民之间以及社会上层之间相互婚嫁，使唐代中国

---

① 《汉藏史集》，达仓宗巴·班觉桑布著，成书于1434年。此间视为秘籍，间以抄本流传，极为罕见。1982年顷，余自海外获影印本携归，由中央民族学院古籍小组翻印500部，分送同好。其后，四川民族出版社据此排印，1986年出版，汉文译本由陈庆英承担，西藏人民出版社1986年出版。此处引文见汉译本第99—100页，文字略作订正。

② 敦煌藏文写卷P.T.986号是《尚书》藏文译本（残卷），P.T.1291号是《战国策》的藏文译本（残卷），可以代表当时雅爱唐风的藏文作品。参见：(1)《敦煌藏文写卷P.T.986号〈尚书〉译文证补》，载《藏学研究文集》第1集，中央民族学院藏族研究所，1982年。(2)《敦煌吐蕃

呈现出极为和睦、谐美的气象。这个优良传统，时至今日，也是值得发扬的。

二、阴阳五行、八卦

（一）阴阳五行的由来

五行学说在中国由来已久，它是许多旧学问的主心骨，无论是古代科学（天文、医学）、古代哲学（思想、逻辑）、古代政治学（伦理、纲常）、古代神学（谶纬、卜筮），没有它就立不起来。这些学问与阴阳五行学说的关系恰是“剪不断、理还乱”。在秦汉时期，尤其是汉代经过董仲舒（前 179—前 104 年）一类大儒的抉幽探微，上纲上线，朝廷大力推广，不遗余力，于是就成为社会上统治人们思想的最强劲的工具。

关于五行学说的起始、形成和发展，诸家众说，颇多差异。一般认为，五行始见于《尚书·甘誓》。《甘誓》是一篇战争动员令，据说是后人依据传闻写成的，写作时代有人以为是商代，也有人以为是战国时代形成。在《墨子·明鬼篇》（下）的引文中作《禹誓》，总之是夏代初年发生的事情。启（或者禹）发动讨伐有扈氏的战争，两条罪状：一是“威侮五行”，二是“怠弃三正”。

（接上页）
文书 P. T. 1291 号〈战国策〉藏文译文证补》，载《青海民族学院学报》1983 年第 3 期。由此来看，两《唐书·吐蕃传》所记“遣诸豪子弟入国子学，习诗书，又请儒者典书疏”，“请《毛诗》《礼记》《左传》《文选》各一部，制令秘书省写与之”，大概是可信的。

大战于甘，乃召六卿。王曰：“嗟！六事之人，予誓告汝：有扈氏威侮五行，怠弃三正，天用剿绝其命，今予惟恭行天之罚。”①

《甘誓》的作者问题，众说杂陈，庞朴在叙述《墨子》《书序》《吕览》及郭沫若等不同的观点后，总结性地提出：在“卜辞中是有五行思想的”。他认为朴素的五方观念，正是后来神秘的五行学说的权舆。又进一步确信：“其实某种程度上在卜辞时代已经露头了。”②

《尚书·洪范》里有最初的系统的五行叙述：

惟十有三祀，王访于箕子。王乃言曰：“呜呼！箕子。惟天阴骘下民，相协厥居，我不知其彝伦攸叙。”箕子乃言曰：“我闻在昔，鲧堙洪水，汩陈其五行。帝乃震怒，不畀《洪范》九畴，彝伦攸叙。鲧则殛死，禹乃嗣兴。天乃锡禹《洪范》九畴，彝伦攸叙。一、五行：一曰水，二曰火，三曰木，四曰金，五曰土。水曰润下，火曰炎上，木曰曲直，金曰从革，土爰稼穑。……

《洪范》成篇的年代，也是有很多分歧意见，庞朴的意见是：“这种五者并列的五行说，可能正是周初时候的思想。”③ 刘起钎近创新说，他以为《洪范》原本出于商末，历西周、春秋、战国而有所增益和润色，最后可能

---

① 黄侃手批《白文十三经》，上海古籍出版社，1983 年。以下凡《尚书》引文，悉据此本。

② 庞朴：《先秦五行说之嬗变》，《稂莠集》，上海人民出版社，1988 年。

③ 庞朴：《先秦五行说之嬗变》，《稂莠集》，上海人民出版社，1988 年。

经过齐方士的整理或加工①。语言学家俞敏（叔迟）先生在研讨《尚书·洪范》“土爰稼穑”句中的爰字含义时，提出十分中肯的意见，他说：

质朴的先民们在生产力发展到一定的水平的时候，就开始探索宇宙的来源了。印度的哲人们以为宇宙是用地、水、火、风四种“元素”合成的。汉族的先哲得出了个差不多的结论：“元素”是水、火、木、金、土。最早纪录这个学说的文献是《尚书·洪范》。这篇文章，不像《大诰》那么诘屈聱牙，可还没有《世说新语》味儿的句子。大致可以信它是周初作品，流传到阴阳五行大流行的战国，也许经过润色。②

（二）藏文化中的阴阳五行思想

藏族接受阴阳五行学说甚早，远者可以上推到周初，姬、姜两大部落流动和转徙时，姜姓一支曾在西北从事放牧的事业，被称为羌人，就是藏族先民某支的祖先。羌人部落有100多种，其中最为偏远的叫“发羌”“唐旄”，大概是藏族的直接祖先。他们既然与姬姓的华夏部落有过广泛的接触，当然具有天然的姻娅渊源。③ 以故五

① 刘起釪：《〈洪范〉成书时代考》，《中国社会科学》1980年第3期。

② 俞敏：《〈尚书·洪范〉“土爰稼穑”解》，《中国语文》1985年第1期；收入《俞敏语言学论文集》，黑龙江人民出版社，1989年。

③ 参见俞敏先生一篇别开生面的论文：《汉藏两族人和话同源探索》（《北京师范大学学报》1980年第1期，收入《俞敏语言学论文集》第262—275页）。文中有非常精辟入理的分析，把古文献中有关资料作了一次多层次的展览与订正。

行学说的思想和方法，在藏族中流传也是很久的事。

藏族称“五行”为 khams lnga,① 就是 shing（木）、me（火）、sa（土）、lcags（铁，即金）、chu（水）。又各分为阴阳（pho mo，请注意藏族语言习惯，阳在前，阴在后，即阳阴），合计为十，用于对应十天干。② 再与十二地支，即十二生肖相配（这十二生肖的名称、位序也是和汉地一致的，称之为 lo rtags bcu gnyis）。下面就是汉藏两种文字的干支对照表：

表一：五行（分阴阳，即十天干）对应表

<table>
<tr><td>汉</td><td colspan="2">甲　乙</td><td colspan="2">丙　丁</td><td colspan="2">戊　己</td><td colspan="2">庚　辛</td><td colspan="2">壬　癸</td></tr>
<tr><td rowspan="2">藏</td><td colspan="2">shing
木</td><td colspan="2">me
火</td><td colspan="2">sa
土</td><td colspan="2">lcags
金</td><td colspan="2">chu
水</td></tr>
<tr><td>pho
阳</td><td>mo
阴</td><td>pho
阳</td><td>mo
阴</td><td>pho
阳</td><td>mo
阴</td><td>pho
阳</td><td>mo
阴</td><td>pho
阳</td><td>mo
阴</td></tr>
</table>

① 《藏汉大辞典》，第 224 页。同条注中还列举了《奇脉七占》和《脏腑论》等医学书籍中所包含五行（元素）的原理。

② 令人感兴趣的是，在蒙古族中也有相同的系统，《中国蒙古族科学技术史简编》第 59 页写道：“蒙古族称‘木、火、水、金、土’为‘塔·库哈宝惕’（五行），并将‘五行’各‘行’，都分为‘额日’（公）、‘额木’（母），如‘木’分公、母，‘水’分公、母。然后把十二兽名与‘五行’公、母依次相配，如木（公）鼠年，木（母）牛年，火（公）虎年，火（母）兔年，……组成 60 年为 1 组，蒙古人称作‘热琼’。蒙古族的十二兽名纪年法配五行公母的第一年，是从公元 1027 年开始，即火（母）兔年。”

其实所谓“公”“母”即“阴”“阳”。藏语称作 pho mo，亦可称为雄、雌，公、母。“饶迥”一词正是藏语 rab vbyung 的译文，义为“胜生”，据云是纪念时轮法传入西藏的那一年即 1027 年，称为“极好的出现”。蒙古族在 13 世纪接受了藏传佛教后，相应地接受并翻译了藏族的历法。

表二：十二地支（即十二生肖）对应表

汉	子	丑	寅	卯	辰	巳	午	未	申	酉	戌	亥
藏	byi ba	glang	stag	yos	vbrug	sbrul	rtag	lug	sprel	bya	khyi	phag

若用天干与地支来组合（按甲子、乙丑……的排列），起甲子，终癸亥，恰合于汉地历法，以 60 年为一轮。

我们知道，藏族历史虽然很古老（如上述，可以上推到周代），但藏文是公元 7 世纪中叶才创造推行的。远古的传说，于史无征，难以确认，只好从有文字以后的文献中寻求。①

（1）公元 823 年，即唐穆宗长庆三年树立于拉萨（古称逻些）的《唐蕃会盟碑》，该碑四面勒文，西、北、南三面均为汉、藏对照，东面纯为藏文，其中有关于纪年（即五行、阴阳之历法应用）的记载：

结此千秋万世福乐大和盟约于唐之京师西隅兴唐寺前，时大蕃彝泰七年，大唐长庆元年，即阴铁牛年冬十月十日也，……；又盟于吐蕃逻些东哲堆园，时大蕃彝

---

① 关于藏文创造的历史，有许多不同的意见。按藏族传统的说法是公元 7 世纪中叶，由松赞干布赞普的文臣通米·桑布札参照梵文的某一体字母，结合藏语实际而设计、创造的。同时，还编写了文法和正字法。近若干年来，西方的和日本的藏学学者提出一些不同的意见，但始终未能获得藏学界的共同承认。参见拙文：《藏文》，刊于《民族语文》1979 年第 1 期。

泰八年，大唐长庆二年，即阳水虎年夏五月六日也，……；其立石镌碑于此，为大蕃彝泰九年，大唐长庆三年，即阴水兔年春二月十四日事也。①

（2）公元 1176 年（西夏仁宗李仁孝乾祐七年），在甘肃甘州张掖立石的《黑水桥碑》，碑阳为汉文，碑阴为藏文，文义亦汉、藏对照，藏文第 18 行云："阳火猴年九月二十五日立石"。②

以上两通石刻的藏文史料，说明五行学说在历法运用方面，藏区在唐、宋之间已经普遍通行。还可以探索一下敦煌文书（均为公元 10 世纪以前的写本）。

（3）敦煌吐蕃文书写卷 P. T. 986 号是《尚书》译文残卷，存 157 行。原卷出自敦煌千佛洞莫高窟藏经洞。1907 年被法国伯希和劫去海外，现存于法国巴黎的国家图书馆东方手稿部。笔者在 1982 年研究此卷，撰写过一篇论文，后又对另一吐蕃文书 P. T. 1291 号《战国策》藏文古译残卷做了研究，③ 其中有关于阴阳五行纪年记载，请察看下文比较。

《尚书》的藏文译文包括了《泰誓》两篇、《牧誓》一篇和《武成》一篇，都属于《周书》的范围。这与当

---

① 拙作《吐蕃金石录》（文物出版社，1980 年）收有全文并附有照片。李方桂教授等许多前辈做过深入研究，李氏并以专著发表《古代西藏碑文研究》，为中央研究院历史语言研究所专刊之九十一：A Study of the old Tibetan lnscriptions, by Fangkuei Li and W. South Coblin, Taipei, 1987.

② 参见拙作：《西夏黑水桥碑考补》，《中央民族学院学报》1987 年第 1 期。

③ 日裔法籍学者今枝由郎，首先于 1979 年在《匈牙利东方学报》发表敦煌 P. T. 1291 号《战国策》研究，实为先导。

时在敦煌一带流行的汉文写本有关。当时藏族的经济、文化和军事、政治都处于上升时期，一片欣欣向荣、积极进取的景象。不断大量派遣“豪酋子弟，入国子学”，习诗书礼仪，把唐朝盛世的雅言译成藏文，大大促进了藏族社会的繁荣和进展。从译文中，我们可以见到五行学说已经深深地进入了藏族人民生活之中。不妨举几个例子（为了印刷上的方便，省去藏文原文，仅以还译的汉文举例）：

藏文还译	《尚书》原文
仲春二月四日，阳木鼠日，天色将曙，[武王]乃定与纣交战。	时甲子昧爽，王朝至于商郊牧野，乃誓。
武王决定伐纣时，孟春一月二日，阳水龙之日，新月初升，其大部仍为黑暗笼罩，休憩一日。	惟一月壬辰，旁死魄。
初三，阴水蛇之日，登程，引兵伐纣。	癸巳，王朝步自周，于征伐商。
孟春一月二十八日[阳土马之日]，渡黄河孟津灭纣。孟夏四月三日，阴土蛇之日，新月初上时，武王自商纣之地返回丰[镐]。 孟夏四月一日，阴火羊之日，祭祀七代祖宗之时，王宫二千里以内居住之诸侯，不召自来。	厥四月，哉生明，王来自商，至于丰[镐]。 丁未，祀于周庙，邦甸侯卫，骏奔走，执豆笾。
孟夏四月四日，阳铁狗之日，置三牲于柴堆之上，举火燔祭，祀奉上天。 其后，仲春二月初四，阳木鼠之日，天将曙时，纣兵如林，列队布阵交锋。	越三日，庚戌，柴、望，大告武成。 甲子昧爽，受率其旅若林，会于牧野。

从以上几例，可以清楚见到唐代藏族已经非常熟练地掌握了阴阳五行思想，并用于历法换算之中。至于在医学中应用五行学说，以及在占卜技术中运用五行学说是很自然的事。兹事体大，当另文研究之。

（三）八卦的由来

八卦，在藏语中称为spar kha或spar kha brgyad，就是汉语的译音，后面再加一个解释性的“八”字。① 这八卦所代表的八种事物和符号，都分别译为藏语：②

卦名	乾 khan	坤 khon	震 zin	艮 gin	离 li	坎 kham	兑 dwa	巽 zon
释义	天 gnam	地 sa	雷 gnam lcags	山 ri	火 me	水 chu	泽 mtshevu	风 rlung

八卦，在《周易》之中的八种基本图形符号，用“爻”来组成。爻的“—”称为阳爻，爻的“– –”称为阴爻，以六爻组成一卦。古人把它看成阐明事物变化原理的枢要。唐人修《周易正义》时，开头便说：“夫易者，变化之总名，改换之殊称。”所以，把它总综为“动”和“变”两大类的哲学观念，用来说明社会一切制度、仪文、器服，一切君臣、父子、夫妇之伦理，一切亲尊长幼之秩序的变化与不变。古人把八卦的发明权归于伏羲，也有人认为是图画文字的起源，也有人归结于结绳记事或数字的起源。《史记》太史公自序里说得明

---

① 《藏汉大辞典》，第1655页。

② 乾隆本《五体清文鉴》，是清乾隆时编成雕版印刷的一部满、汉、藏、蒙、维吾尔5种文字对照的词汇集，是一件非常了不起的工程。1956年据官内藏本，由民族出版社影印，重新精装形式出版。此处所列均出自该书。

白："昔西伯拘羑里，演《周易》。"这一说法大致可信。人们都习惯于认为八卦是代表了周人文化的，尽管它也吸收了殷人占卜文化的成分。由于孔子十分喜爱《周易》，一生都在研究《周易》，写过10篇文字作为原书的辅翼，所以称为《十翼》，名气更大了。

藏人的先民（姜/羌）跟周人（姬姓）有过密切关系，接触到八卦也是很自然的事。我们不妨比较一下，八卦的古音跟译成藏语之间是否接近或吻合，来考察传入藏区的时代，见下表：①

八卦 注音	乾	坤	震	艮	离	坎	兑	巽
现代汉语	Qian	Kun	Zhen	Gen	Li	Kan	Dui	Xun
中古汉语	渠焉切 gĭɛn	若昆切 k‘uən	章刃切 tɕ‘ĭĕn	古恨切 kən	丑知切 ʨ‘ĭe	苦感切 k‘ɒm	杜外切 duai	苏困切 suən
上古汉语	群元 gĭan	溪文 k‘uən	章文 ʨĭən	见文 kən	透歌 t‘ĭɑ	溪谈 k‘ɑm	定月 duāt	心元 suan

以上可以发现，藏语的译音非常接近上古汉语的音读。是否可以说"八卦"进入藏区早于隋唐？再看 ba gua（八卦）二字：

中古汉语	pæt kwai
上古汉语	pĕt kue
藏语译音	spar kha

① 中古汉语据《广韵》，古代汉语据《说文》《诗经》。悉依郭锡良：《汉字古音手册》，北京大学出版社，1986年。

其中“八”字韵尾 -t～-r 的转换，也是语言学界公认为中古汉语以前的事。

（四）汉藏古代哲学思想的交流

在藏文史书中，史学家不惮其烦地指出阴阳五行学说自汉地传入后，运用在历法和医学方面的事实。蔡巴·贡噶多吉在其所著《红史》、第五世达赖喇嘛阿旺罗桑嘉措所著《西藏王臣记》、土观·罗桑却吉尼玛在其所著《宗派源流晶镜史》，以及《五部遗教》中均有记述，已具引于上文，此不赘言。

上图是藏族人们经常佩戴的护身铜镜［示意图］：内圆中 9 个藏式数字 1—9，排成一个“三三幻方”，即上、下、左、右、斜、直，其总和都是 15。藏族称之为 pho brang dgu gling，即“九宫”。中圆即五行、五方，上南、下北、左东、右西，中间的ལ，既是数码字代表5，又与藏文“土”（sa）写法一致，一举双用，即五行、五方相配，东木、西金、南火、北水、中土。方格内是八卦，分布顺序与汉地同。外圆是十二生肖，均为图像，今改成文字，取其意而已。

那么，这一小小铜镜所记，正是阴阳、五行、九宫、八卦等内容。于此可见，汉藏人民的思想交流，由来久矣！①

三、五姓说——阴阳五行在藏族中的具体运用之一例

阴阳五行的学说传入藏族聚居地以后，又有新的发展，人们把它应用到实际生活中去。例如，居住在河西一带的藏族，采用了与当地汉族相同的汉姓，而且以阴阳五行来规范姓氏的属性，这样来应用在婚姻、住宅和占卜等方面，叫做“五姓说”。日本京都大学学者高田时雄发表过一篇甚为著名的论文《五姓说在敦煌藏族》，文中说：

> 归义军时期（9世纪后半叶和10世纪）的敦煌，继

① 夏鼐先生在《元安西王府址和阿拉伯数码幻方》中指出：“幻方是数学中组合分析的一支，但是因为它有神秘色彩，宗教迷信后加以利用。”并举出现代埃及人用幻方催生或诅咒，印度人以幻方作护身符，伊斯兰世界相信幻方具有保护生命和医治疾病的力量。参见其专著《考古学和科技史》，第67页。

吐蕃统治时期之后，仍然居住着相当多的藏族人。他们继续使用藏语藏文，基本上保持了自己的民族特点。但是，随着时间的推移，他们逐渐接受了汉族的习俗，在日常生活的各方面采用汉族的作法，这是容易想象到的。五姓说是流行于古代汉族民间的一种迷信说法，敦煌文书中普遍看到它盛行的光景。这个说法本来只是具有汉族姓氏的人使用，才能发挥它的用处，而敦煌藏族却采用了这个五姓说。①

五姓是以宫、商、角、徵、羽之五音来分类姓氏，用来作为占卜基础的一种朴素原理，其起源比较古老，至少可溯源到后汉，见于王充的《论衡 · 诘术篇》。在《旧唐书 · 经籍志》下五行类著录有：《五姓宅经》二卷；《五姓塞图要诀》五卷，孙氏撰；《玄女弹五音法相冢经》一卷，胡君撰。《新唐书 · 艺文志》五行类有《五音地理经》十五卷等。

P. 2721 号《杂抄》是敦煌的童蒙读物，其中有“何谓五姓？宫商角徵羽。五姓作何声色，黄声宫、白声商、青声角、赤声徵、黑声羽。”在 P. 2581 号卷子《孔子备问书》中也有：“何谓五姓，宫商角徵羽，此之是也。五姓何属？角属东方木、徵属南方火、羽属北方水、宫属中央土、商属西方金，此之是也。”

藏文写卷 P. T. 127，正面 184 行，反面 77 行。其中反面第 10—28 行，是阴阳五行相生相克与五姓的关系的

① 中国敦煌吐鲁番学会编：《敦煌吐鲁番学研究论文集》，汉语大词典出版社，1990 年，第 756—767 页。

文字。高田时雄录出原文并译为汉字，现转抄如下：

10. ////srog myị mthun ba la/gser dang mye myị
行 不 合 者 金 与 火 不

thun/shịng dang mye myị thun/chu dang mye myị
合 木 与 火 不 合 水 与 火 不

thun //
合

11. //// srog mthun ba la/sa dang chur phrad na
行 合 者 土 与 水 配 时

mthun/sa dang myer phrad na mthun/sa dang shịng du
合 土 与 火 配 时 合 土 与 木

phrad na mthun//
配 时 合

12. sa dang gser du phrad na mthun/chu nyịs phrad
土 与 金 配 时 合 两 水 配

na mthun/mye gnyịs phrad na mthun/shịng gnyịs phrad
时 合 两 火 配 时 合 两 木 配

na mthun//
时 合

13. ser gnyịs phrad na myị mthun/mye dang gser
两 金 配 时 不 合 火 与 金

myị [m]thun/shịng dang gser myị mthun/chu dang gser
不 合 木 与 金 不 合 水 与 金

mthun/chu dang shịng
合 水 与 木

14. mthun// //
合

15. // myịvi rus pa dgu yịm gang la gtogs
人 姓 归 属 五 音 经

pavị mdo//

16. //kung zhes bgyị ba nị//savi srog ste// //pham/
称 做 宫 者 土 行 □

bam/kag/am/ zhịm/ vgyam/ lịvu/ cịng/zung/
汜 □ □ 任 严 刘(柳) 郑 宋

17. kwan/sun/pyan/vgyovu/yevu/kung/phyam/khug/
□ 孙 □ 牛 要 宫 □ 曲

yun/levu/khyevu/shav/dzevu/byen/phyen/khung/gung/
□ 牢 仇 沙 □ □ □ 孔 □

vdị tsam
此 等

18. nị sa la gtogs pa lags/
即 属 于 土 者 也

19. //sho zhes bgyị ba nị/gser gyị srog te// //cang/
称 做 商 者 金 行 张

wang/lyong/tho/yong/sag/sho/hav/hyevi/su/dza/vgu/
王 梁 唐 阳 索 常 何 □ □ 左 □

thevu/
□

20. do/khang/cog/zo/hwa/grav/le hu/khyị/dzo/shịg
屠 康 □ 桑 □ □ 令 狐 庆 蒋 石

/an/lu/vbye/vbyevu/hag/ceg/phovu/phu/la/she/hong/
安 庐 □ □ 郝 藉 □ 傅 □ 仕 向

gye /
荆

21. vbav/lwevị/phren/duv/huv/tovu/te/vbyovu/hịg/
□ □ □ □ □ □ □ □ □

lyo/rusv dị nị gser la gtogs lags//
□ 此 姓 即 属 于 金 者也

22. ////kog zhes bgyị ba nị/srog shịng lags ste////
称 做 角 者 木 行 也

lung/jeg/cu/thevu/ce/hevu/kyong/khung/
龙 翟 朱 窦 □ 侯 □ 寇

23. vgwen/dzevu/chevu/tsevu/lag/civu/[ ]er/kovu/
原 赵 巢 曹 乐 □ 寇

thevu/dza/vgyevu/khyur/hwevu/shra/kyevu/rus vdị
窦 左 牛 屈 □ 沙 □ 此 等

tsam nị
姓 即

24. kog la gtogs pa lags /
属 于 角 者 也

25. // ywu zhes bgyị ba nị/ myes srog lags
称 做 羽(sic) 者 火 行 也

te// // lị/shị/jịn/then/ kwam/cheng/gyav/khug/ shịng
李 史 陈 田 郭(?) 郑 贾 麹 申(?)

/ sịn/
宁(?)

26. dwan /lag/ ị/ gevi/ thwan/ser/shovu/ha/vbye/
段 □ 伊儿(?) □ 薛 □ □ □

kyịr/rus vdị rnams nị mye la gtogs pa legs //
□ 此 等 姓 即 属 于 火 者 也

27. //[ ] ywị zhes bgyị ba nị/srog chu la gtogs pa
称 做 羽 者 属 于 水 行

[ ]ị legs// //yị/lu/ ịr/vbav/meng/gav/byen /
也 □ 鲁 □ 马 孟 贤 □

28. hang /khyag/bye/thịvu/vbu/un/hu/lwị/zu/hivu
黄(?) □ 皮 □ 武 温 胡 □ 苏 □

/[ ]vi̥/byevu/phevi/wu/hyen/rus vdi rnam ni̥ srog chu
□ 表 □ 巫 □ 此等姓即属于
lags so
水 也

按 P. T. 127 号藏文写卷的正面 78—184 行是《藏医灸法》残卷，笔者在《敦煌吐蕃文献选》汉文本、藏文本分别刊出，[①] 此处不予赘引。而反面的 10—28 行，即本文所举出的五姓说的部分。文中的“合”与“不合”也就是我们常说的“相生”与“相克”。所举均汉姓，有：汜、任、严、刘（柳）、郑、宋、孙、牛、曲、仇、沙、孔、张、梁、唐、阳、索、常、何、左、屠、桑、令狐、庆、蒋、石、安、庐、郝、藉、傅、向、荆、龙、翟、朱、窦、侯、原、赵、巢、曹、乐、寇、屈、史、陈、田、郭、贾、麴、申、段、伊、薛、鲁、马、孟、黄、皮、武、温、胡、苏、巫……六七十种之多。过去我们在吐蕃文书和汉文书中，常常见到在吐蕃部落里有汉姓的藏族，比如 P. 1475《寅年正月令狐宠宠卖牛契》中的令狐宠宠、P. 1475《阿骨萨部落百姓赵卿卿便麦契》中的赵卿卿、P. 1475《阿骨萨部落百姓马其邻便麦契》中的马其邻、P. 3485 号题记中的王吐浑等，看来都是一些汉姓藏人，也都是采取了五姓说，逐步在姓氏上汉化了的藏人。

高田时雄在他的论文最后的结论中说：

五姓是汉族人特有的思想，没有姓氏的藏族是不得

① 四川民族出版社，1983 年；民族出版社，1983 年。

应用的。但是，上举的藏文五姓材料使我们断定，到了10世纪，敦煌的藏族受邻居汉族的影响而采用了这个迷信思想。我们知道，敦煌的一部分藏族人早在吐蕃时期就有采用汉姓的了。比如，9世纪初在敦煌开展了大规模的《无量寿宗要经》的抄写事业。由此，今天尚有无数的《无量寿宗要经》的抄本保存下来，附在各份抄本末尾的写经人名和校勘人名中有若干“姓汉名藏”的人，如cang（张）stag skyes，wang（王）klu legs，sag（索）legs bzang等等，不胜枚举。如此，他们在吐蕃时期也准备了后来采用五姓说的基础。敦煌藏族汉化的证据表现在各种资料中，但是五姓的采用可以说是最突出的一个表现。

高田氏这一见解是很有说服力的，是阴阳五行的哲学思想在藏族中具体应用的一个实例。

附录：饶宗颐先生跋语①

读王尧先生大作，受益良多，然细绎文中所论，似可作如下补充：

河图、洛书的起源，近时出土新资料，若安徽含山凌家滩的玉龟夹带钻孔之数与大圆及小圆之间，八个箭头和四隅四箭，正示周天四方、八极之象，说者咸谓即历术所肇始，证明5000年前汉人祖先已有河图、洛书与八风、八索的观念（参见《陈久金集》第98页及其他有关论文，不复刊举），王先生以为经刘歆的推衍，把河、

① 选堂先生所见甚是，容当斟改，谨致谢意。

洛与阴阳、八卦范畴统一起来，其说似较为保守。

文中引张克强绘制之九宫贵神坛图，其实王溥《唐会要》已有详细记载，敦煌写卷中大小《九宫图》有多件（如 S. 2404、276、861、95、612、1473，P. 2623、3403、3507），以九方九种颜色配星辰神宿以定方向，以占休咎，上利兴功乃为紫（位九之天一）白（位一之太一）两方（参见耿昇译：《法国学者敦煌学论文选粹》，中华书局，1993 年，第 301—311 页）。唐代其术十分盛行，濡染及于藏土，理所当然。

王文据藏文《五部遗教》证明摩诃衍入藏传授汉地医药及干支历法。余于 1964 年尝发现 S. 2672 号即为王锡《顿悟大乘正理决》之第二写本，写有《神会门下摩诃衍之入藏兼论禅门南北宗之调和问题》（载《香港大学五十周年纪念论文集》，收入《选堂集林》中册第 697—770 页，兼述摩诃衍与南诏禅灯系统），与王锡是卷校记（此文收入台湾《大藏经补编》第 35 册，1987 年；又见上山大峻：《敦煌佛教研究》，法藏馆，1990 年；《佛学新书》第 27，新文丰出版公司，1993 年），王君未及拙作，故为补述。

王文引吐蕃 P. T. 1291 号谓为《战国策 · 魏策》，沿法京今枝由郎、石泰安二氏之说，今按核实应是东晋孔衍的《春秋后语 · 魏语》，P. T. 1291 号与 P. 2589 号之《魏语》记载多相同。法京所藏《春秋后语》唐写卷多件，故易被翻成藏文，此事早经马明达君考出（《P. T. 1291 号敦煌藏文文书译解订误》，《敦煌学辑刊》1984 年第2辑），宜加改正。①

本文第三节的五姓说，大量采用高田时雄之论文。细溯其源，《汉书·艺文志》有《五音奇胲用兵》23卷，说者引《左传》哀公九年，史龟云："利以伐姜，不利子商。"姓之有五音，已见于此。王符《潜夫论·卜列篇》记宅有宫商之第，在王充之前。著《五行大义》之隋人萧吉，亦有《五姓宅经》（见《通志·艺文略》），先于吕才。高田所录藏文，如第25行"ywu 称 zhes 做 bgyi 羽（sie） ba ni 者"句，羽字误，应作徵。② 至于所列诸姓，有无舛错，尚待细校。此类材料甚多，宋谢维新《古今合璧事类备要》《排韵增广事类氏族大全》（《四库全书》本）等类书及拙刊《李卫公兵要望江南》皆有五音姓氏，可资比勘。

（原载饶宗颐主编：《华学》第1辑，中山大学出版社，1995年。）

---

① P. T. 1291号文书据尧仔细寻绎，藏文似与《战国策》接近，而马明达君所云《春秋后语》恐系揣测之词，未敢苟同。

② ywu之对音为"羽"，而"称做"乃zhes一词之对译，排列之误，并非"徵"之误列。谨跋如上。

枭（sho）、博（sbag）考源

——西藏民间娱乐文化探讨

我一直有兴趣于探讨西藏的民间文化，自1980年以来的15年中，曾陆续向国际藏学研究会的同道介绍过西藏的民间戏剧（a ce lha mo，1982年，纽约）、民间占卜（mo，khram，1985年，慕尼黑）、马球源流（polo，1989年，东京），摩诃葛剌崇拜（Mahākāla，1992年，奥斯陆）。这一次，我将介绍民间娱乐，或者说是博戏娱乐。在西藏，一般娱乐有放风筝（phyi phi blod）、克郎球（ke rem）、藏棋（dmig dmag）、麻将（ma cang）等等，但流行最广的还要数枭（sho）和博（sbag）。

一、枭（sho）

枭（sho）还有一种称呼，叫做cho lo。[①] 这两个词等义，可以互训。枭有6面，正方形，骨制而成。汉语叫骰子，每面镌有点子，从1到6，如下图。1和4用红色，2、3、5、6用黑色或蓝色。用两只枭，可排列组合

① 在《藏汉大辞典》第823页cho lo条下，直接注为sho，又解释成："rgyan bzhag nas rgyal pham rtse bavi rtsed mo zhig。骰子，下注可赌输赢之赌具。"而第2866页sho条下，又以cho lo为其异名，而注为："brtag spyad kyi sho dang rtsed spyad kyi sho。占卜或赌博用的骰子。"

21 种不同的点子：

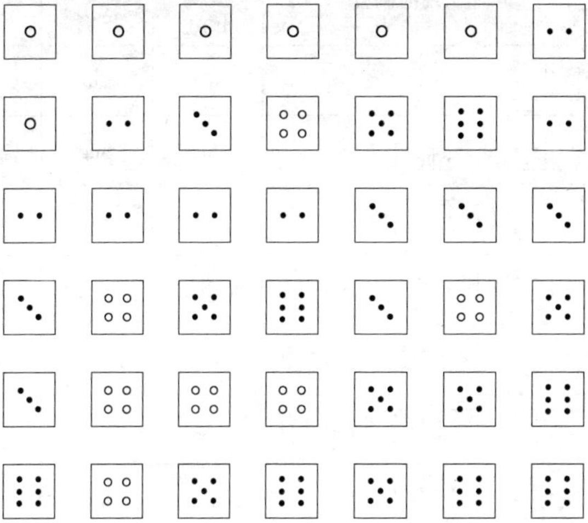

在玩枭的时候，不便于叫 2 点，3 点，4 点……直到 12 点。因而分别取了代号，用一个藏语发音来代替：从 2 到 12，代号分别是 par ra、sug、……，参见下表：

枭（sho）的数目及代音符号表①

数目	可能出现的机会	代音符号（各方言）		
		拉萨	巴塘	江孜
2	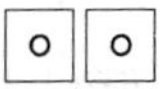	par ra	spar ar	par ra

① 笔者手头有拉萨、江孜、达布、昌都、牧区和巴塘等地几份 sho bshad 资料，今仅选取拉萨、巴塘和江孜三地为代表。江孜与拉萨两地特别相近，巴塘差别稍大。提供宝贵资料的友人：拉萨：格桑；江孜：穷达；巴塘：格桑居冕。谨向他们表示感谢！

续表

数目	可能出现的机会	代音符号（各方言）		
		拉萨	巴塘	江孜
3	⚀⚁	sug	sub	sgu/tsong
4	⚁⚁ ⚂⚀	tshigs	zing	zig/tsig
5	⚀⚃ ⚁⚂	kha	kha	kha
6	⚀⚄ ⚁⚃ ⚂⚂	drug/lug	drug	drug
7	⚀⚅ ⚁⚄ ⚂⚃	rig	tig/rig	tig
8	⚁⚅ ⚂⚄ ⚃⚃	sha	skya	skya
9	⚂⚅ ⚃⚄	dgu	dgu	dgu
10	⚃⚅ ⚄⚄	chu	chu	chu
11	⚄⚅	rdog	thog	thog
12	⚅⚅	vjang	vjang	vjang

玩桌时，有二人局 nyis cho、三人局 sum cho 和四人局 bzhi cho 之分。而四人局则是二人二人配，实际上仍与二人局同。入局时，掷桌，决定名次，计数进取，顺着 2 到 12 的次序往前移动“子儿”，谓之 la rgyab（翻山越岭）。每方有几个“子儿”入局，每掷桌一次可安放“子儿”一个或两个，掷着自己需要的好点子则可以连掷。如果一方的 9 个“子儿”都达到终点，叫做 la phud（越过大山了），即获胜，得彩。作为赢家，可获得全部赌注。赌注大小、多少及种类都是入局前双方商定的，

不可反悔。①

为了需要好点子，所以在掷枭时，便按自己的“子儿”所处的地位而呼唤枭中出好“点子”，这就是“枭词”（sho bshad），与汉族的“呼卢喝雉”（汉族中有很多这一类的故事）相当。

sho bshad（枭词）就是用上面提到的代音符号起头的。如渴望得到2点，就呼唤par ra；如希求3点，就呼喊sug，其他类推。而每一个代音符号后面都跟着两句或四句或更多的“歌词”。而歌词中常见许多有趣味的东西：讽刺的、幽默的、调笑的，也有带有历史的、地方的故事情节。当玩枭者手抓骰子摇动，闭上双眼，口中喃喃念叨时，观者都很紧张，屏息期待，而那沉重而带有感情的歌词就一句一句印入人们脑子和注意之中。蓦地一掷，随着骰子转动，呼声顿起，一片盈耳的欢笑叫骂，在烟草味、茶炊味、汗水味中混合散发。

玩枭的代价有时很惨重。在藏族传记文学作品《米拉日巴传》中，便有一段叙述米拉日巴的祖父米拉多杰森格（mi la rdo rje seng ge）由于性耽赌博sho而倾家荡产，被迫离乡的故事：②

却说，米拉多杰森格生性极为喜欢掷骰子赌博，而且精于赌技，每掷辄胜。有一年，有个精通赌骰子技巧的江湖上的大骗子，来到迥巴吉村。此人不仅仅是掷骰子的能手，而且家族中健壮男丁众多，人强马壮。此人

① 这一方面技术和规则，是格桑居冕教授教会我如何玩的。

② 据青海人民出版社藏文版第1品第16—17页译出。

为了摸清米拉多杰森格的赌技底细，[在开赌时] 故意下点小注子，闹着玩。很快就知晓了他的赌技的底蕴。次日，此人故作姿态，略施小技，赢了米拉多杰森格。当然，米拉多杰森格不肯服输，说："明天再来翻本!"骗子说"可以!"下一日，于是下了比以前更大的注子。一掷，米拉多杰森格获胜得彩。接着，又连掷三盘。那骗子故意装傻，连掷连输。最后，大骗子说："我也要［明日］翻本!"米拉多杰森格自然应诺："可以!"二人约定，以土地、房屋和财物（包括牲畜）作为赌注，不折不扣，并且立下保证文书，一决高下。[次日]，骰子一掷，米拉多杰森格哪里是对手！全盘输得精光。于是房屋、土地、财物，眼睁睁地被对方男丁健壮大汉一一点收。米拉（多杰森格和多顿森格）父子二人，只好乖乖地离开家园，流浪他乡。

从这段文字的记述可以看出几件事：（1）至少在米拉日巴（1040—1123）的祖父时代，应该是公元 10 世纪末、11 世纪初，在西藏已流行了掷骰子的赌博，并称之为"枭"（sho）。(2）掷骰子的赌博有时输赢很大，甚至可以倾家荡产。而精于此道者，可以用赌技来行骗发财。社会上不予谴责，而予默认。（3）赌博的背后还依靠着"男丁众多，人强马壮"的势力。也就是某种程度上以黑道力量来配合，与后来的赌局与黑帮相结合颇为相近。

关于枭，不仅有文字记载还有考古实物为证。在新疆婼羌（nob chung）地区出土的吐蕃时期古堡文物中，便居然有一枚骰子，形制与现代的骰子全同。① 这证明公元9世纪以前，在吐蕃军旅（驻扎在西域一线）中也有玩枭的习俗。用枭来占卜，已是不争的事实。就是在敦煌吐蕃文献中也有记载，P. T. 1046号写卷残存42行，即是用四面骰子占卦的卜辞。②

二、博（sbag）

把21种不同的点子合在一张张骨制的牌上，就成为博（sbag）的基础——“牌”了。所以，藏语中把sho和sbag常常连在一起来说。而博的组成也就是利用这21种牌再分成两类，第一类11种，叫rgya，每种4张（11×4=44）；第二类10种叫sog，每种2张（10×2=20），rgya、sog合在一起共64张，就是全副博具。枭和博的关系是非常紧密的。

博是四人对局，64张牌平均分到四人手中，64张牌先分作两类rgya和sog（即汉人和蒙古人，也有方言称为bod和rgya即藏人和汉人）。用掷骰子的办法决定每一局牌中的cing（将，相当于王牌）。如果两只骰子掷出来，那么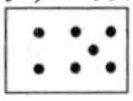就是将，而且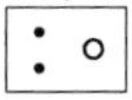和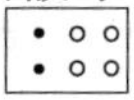配在一起是天然的“将”，又称“皇帝”，是无敌的大牌、胜牌。

① 新疆社会科学院考古研究所编：《新疆考古三十年》第169—185页：“1973年对米兰（myi rang）古堡发掘，清理出大量吐蕃木简……博戏用的骰子和卜骨等等。”新疆人民出版社，1983年。

② 参见拙作：《吐蕃时期的占卜研究——敦煌藏文写卷译释》，香港中文大学出版社，1987年。

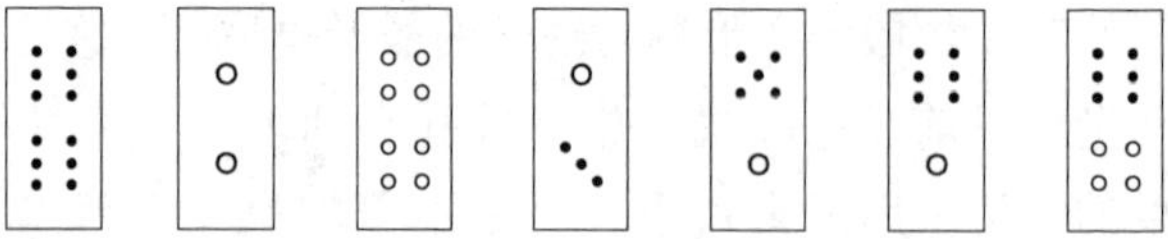

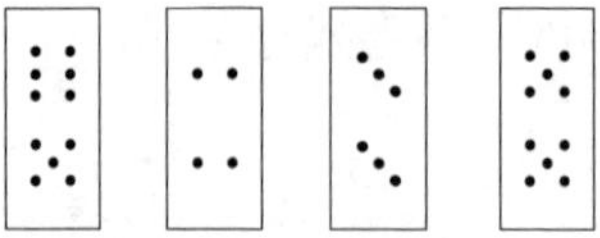以上这 11 种称为 rgya（汉人）的每种 4 张，其地位高下的顺序如上图，而其中

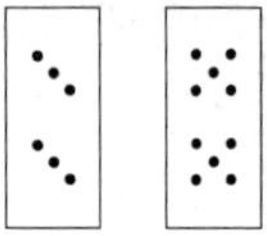是同一个等级；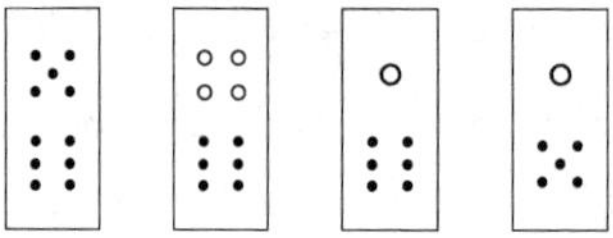是同一等级。

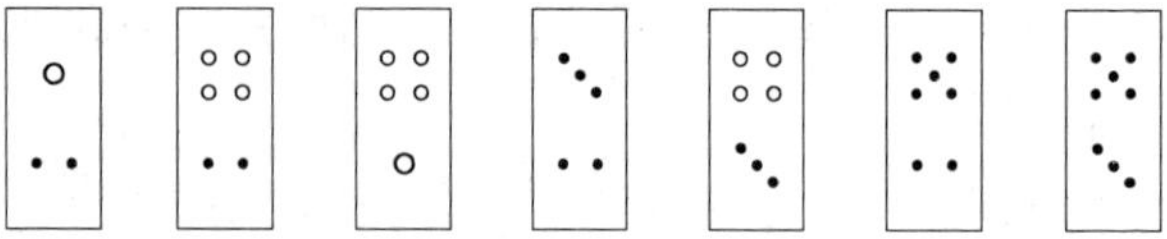

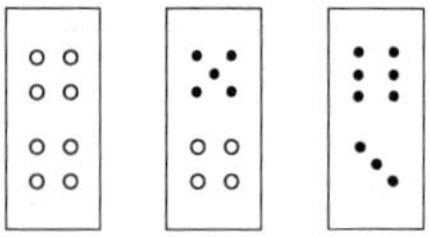这 10 种称之为 sog（蒙古人）的每种 2 张，以自身的点子决定高下、大小。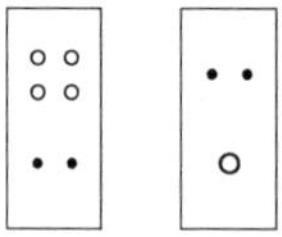除外，它们是天生的“将”牌，是无敌的。在四人对局时，出牌比大小。如保住 16 张牌是个基数，愈多愈好，通吃，大获全胜则是胜利者。也有另外的大牌：

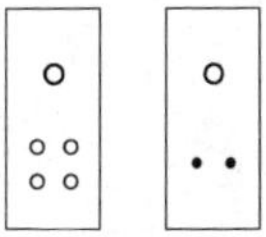

sha sdur（小斗）

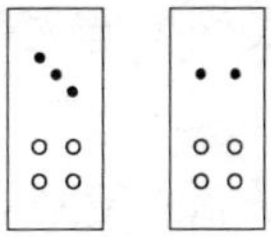

rda sdur（大斗）

两种牌也是具有威力的牌，如果它们组成这样的牌，可操胜券。

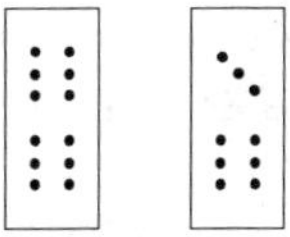

称之为“天九”，

（天）（九）

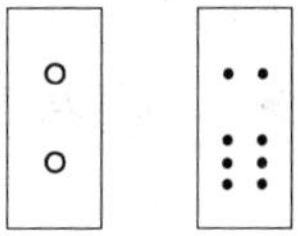

称之为

（地）（八）

“地八”，是属于第一和第二两等大牌。

出牌时可以出单张、双张（叫做 mdzo，大概取二牛抬杠之意思，成双成对）、三张、四张，都看手中的牌势而定。

三、汉族的博戏娱乐

汉族中，在民间从事“博塞”“博枭”的博戏娱乐由来已久。《管子·四时》即载：“一政曰禁博塞。注：博塞长奸邪，故禁之。”《论语·阳货》也说：“不有博弈者乎？皇疏：博者，十二棋而掷采者也。”《史记·魏公子无忌列传》载：“公子与魏王博。”

唐代刘禹锡（772—842）则撰有《观博文》：“客有博戏自任者，速余观焉。初，主人执握槊之器置于庶下，……次有博齿，齿异于古之齿，其制用骨，觚棱四均，镂以朱墨，耦而合数……”看来，这博齿、博具正是骰子，与今天所见者同。杜甫（721—770）的《今夕行》

之诗，也道出了民间博塞之盛：

> 今夕何夕岁云徂，更长烛明不可孤。
> 咸阳客舍一事无，相与博塞为欢娱。
> 凭陵大叫呼五白，袒跣不肯成枭卢。
> 英雄有时当如此，邂逅岂即非良图。
> 君莫笑，刘毅从来布衣愿，家无儋石输百万。

同为唐人的李翱（772—841）撰《五木经》，解释“博枭”的“行话”，“雉为二，枭为六，卢为四”。宋人张端义（1179—?）的《贵耳集》（1246年成书）中也说：“市井呼卢。卢，四也。”

那时，在汉地骰子的博戏娱乐已很普遍，其中便有一段很感人的掷骰子的故事。据《新五代史·梁家人传》载：

> 广王全昱，太祖即位封。……太祖宴居宫中，与王饮博。全昱酒酣，取骰子击盆而迸之，呼太祖曰：“朱三，尔砀山一百姓，遭逢天子用汝为四镇节度使，于汝何负？而灭他唐家三百年社稷，吾将见汝赤其族矣，安用博为！”太祖不悦，罢会。

更有因骰子而引出的荒唐事。《新五代史·吴越世家》载，“越州董昌反。昌素愚，不能决事，临民讼，以骰子掷之，而胜者为直。”竟然视法律为儿戏。而《辽史·耶律俨传》的记载更令人瞠目：“帝晚年倦勤，用人不能自择，令各掷骰子，以采胜者官之。俨尝得胜采，上曰：

上相之征也。迁知枢密院事。”没想到，掷骰子能掷出个宰相来！掷骰子之盛行，由此可见一斑。

关于骰子中用红（绯）的来历，见载于《西墅记谭》：“明皇与杨妃彩戏，将北，唯重四可解，连叱之，果重。上悦，顾高力士令赐绯之，遂不易。”

骰子和21似乎很有“缘”。宋人陶谷（903—970）的《清异录》说：“博徒隐语，以骰子为惺惺二十一。”这是有道理的，因为6面点子，从1到6，加起来：1+2+3+4+5+6=21，其总和正是此数。而且，两张骰子配成的牌，加在一起也正是21种。难怪，对于21这个由3跟7两个质数相乘的数目有神秘感。

四、博、枭二词藏汉语对比

博（sbag）在汉语中：

（古）帮铎 pak，（广韵）补各切 pak。

枭（sho）在汉语中：

（古）见宵 kiau，（广韵）古尧切 kieu。①

博（sbag）在藏语中的21种名称，都可与汉语对应：

---

① 郭锡良：《汉字古音手册》，北京大学出版社，1986年，第24、165页。我颇怀疑sho与汉字“爻”有某种联系，按“爻”（古）匣宵ɣeau，（广）胡茅切，匣肴，开二平效ɣau，似可与sho藏语巴塘方言相应。请治语言学者指教。

rgya 类		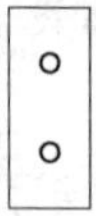	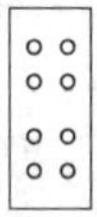		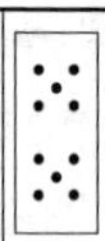				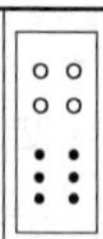	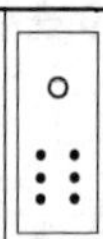	
藏音	thin	di	ren	wa	dawu	phran san	grog rtse	hu thog	si lug	phag pa	khyi
汉意	天	地	人	和	大五	长三	桌子	虎头	四六	猪*	狗*

*猪，巴塘方言又作“幺六”，与汉语全同；狗，巴塘方言又作 rna long，“大耳坠”，取其形似。①

sog 类	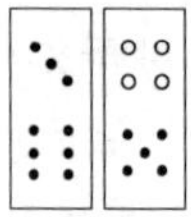	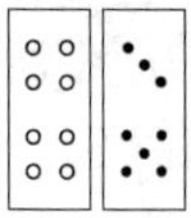	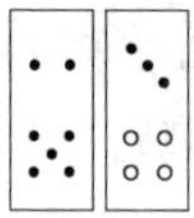	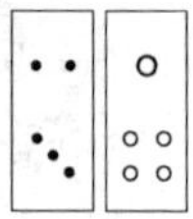	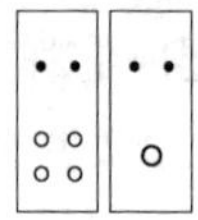
藏音	rjiu	pav	tshivi	wuvu	ma
汉意	九	八	七	五	马

五、枭词举隅

两点： par ra

par ra dpal vbar bkra shis red/

“两点”吉祥骰子，

gyag mkhan mam rgyal vphrin las red/

由“南阶赤列”掷下的啊！

pa sangs bu khrid glu gtong/

巴桑布赤②请唱歌，

① 引自格桑居冕教授提供的手写资料。

② 女孩的名字。

glu med na bro vkhrab/

不会唱歌跳个舞！

pa sangs shing la vdzegs rgyu byung na/

为了爬上如意宝树，

gos chen lpags tshags ral yang ral/

缎袍皮袄啊，撕就撕吧！

par ravi bu mo mig dmar ma/

“两点”红眼为姑娘，

bu nga la skal ma gcod a/

可别让我小伙子倒运啊！

三点：sug/sub

sub sub bla mavi dbu zhwa de/

毛茸茸的帽子啊！

rje mi la ras pavi dbu zhwa red/

那兰圣者“米拉日巴”的帽子。

rtsa rab dge bshes rtas dbyugs/

格西从马上摔下来了，

rta bab mi dgos khe bzang red/

不用下马讨个巧了。

sdig can dom gyi lpags pa de/

罪过罪过熊皮子，

vgro yar vdren bla mavi dbu la yod do/

却戴到救世的喇嘛头上了。

tsog tsog tsog par bsdod pa las/

与其闷着头干坐着，

nor med na byang stong vgrim pa dgav/

不如到北方羌塘走一圈。

sug sug sug/

苏（三）！苏（三）！苏（三）！

四点： zi/zig/zing

pho zi ril tshva la song ba de/

男人出去驮盐巴，

de yang de ring vkhor byung/

今天已经回来了；

mo zi ril tshong la song ba de/

女人出门做生意，

de yang de ring vkhor byung/

今天已经回来了；

shar ma smin drug rgya la song/

六女昴宿星到汉地去，

de yang de ring vkhor byung/

今天已经回来了；

grong pavi a pha phyogs la song/

邻家老汉出远门，

de yang de ring vkhor byung/

今天已经回来了。

zig zig zig/

瞧（四）！瞧（四）！瞧（四）！

zing pa mang po zing myong/

各种威风都摆过，

dpav rgya tsha vdra li zing ma myong/

没有像英雄贾察①那样威风过。
seng phrug rgya nag skad red/
汉地狮子狗的叫声，
rgya khyi mig dmar kyi skad red/
是汉地红眼狗的叫声。
ser sha spang la skyes pa/
蘑菇长在草坝上，
spangs kyi tshil lu ma red/
那不是草坪的肥肉啊！

五点： kha
kha sur pa travi mngar cang cang/
市场上的枣子甜蜜蜜，
mi khavi am cog skyur cus cus/
众人口碑是酸溜溜的啊！
khams pa gcig dang grogs po byas/
跟一个康巴汉子交了朋友，
ming la a rogs khyi rogs btags/
就被人叫做“阿哥”“狗哥哥”。
kha sha btsos nas slo ma gang/
羊肉煮熟了一大筐，
da dung btsos rgyu slo ma gang/
还有一筐未下锅。
khams bzang po bla mavi bkav drin yin/
身体健康是喇嘛的恩典，

① 《格萨尔王传》中的英雄人物。

na tsha rnying pa nga ravi rgyud dag yin/
"老毛病"是自己带来的。
kha bde po ja pavi tshong pa vdra byung/
伶牙俐齿像个茶馆娘子，
lus ma dal lha vdrevi gyog po vdra yung/
来回走个不停像个神鬼的差人。

六点：drug/lug
vbrug pa kun legs phebs kyis/
珠巴衮雷①来了，
shig la mdev rkyang vthen gyis/
对准虱子拉开了箭。
vbrug lung lung pa chus vkyer song/
不丹地方被水冲了，
ldem zam pa ldem sar ldem song/
摇晃藤桥摇到头了。
lug thug ma gsod rang gsod red/
公山羊非杀不可了，
dpon spra chen gsol tshigs rdzogs li red/
老爷扎钦②把菜肴吃光了。
vbrug ris gos chem ljang nag ma/
龙团花缎绿梗梗，
shya lo lnga lo sus bstan/
谁还来看白的、五花的！

---

① 不丹的游吟诗人。
② 藏戏《囊萨姑娘》中的人物。

drug drug rgod kyi zer lugs yin/
秃鹫鹰“啄啄”地叫唤，
vgod mi sha za dus drug drug zer/
那是它在吃人肉呢。
grub pa vgro don ma shes pavi/
修行人自己不懂超度生灵事，
brda ruvi gsum bkyug zhog rogs/
你把那三角小鼓放下吧！

七点： ri/ting/rig
ri mthon povi rtse nas bltas tsa nu/
从高高山顶往下看，
spang me long gser gri gzhong pa vdra/
一片草坪如意赛金盆。
ri mtho sgang la smug pa vkhrigs/
山顶升起浓雾了，
a nevi dgon par jag gtor byed/
尼姑庵里遭强盗。
rig vdzin tshangs dbyangs rgya mtsho/
仁增仓央嘉措①，
vchal po rgyugs pa ma gsung/
别说他去幽会了。
rang la dgos pavi yod tshad/
自己所需要的一切，
mi la dgos gi yod vgro/

① 六世达赖喇嘛。

人家也同样需要的。

tig gcig vkhur byas skyogs gcig brdungs/

背负锅子敲铜勺，

bu nga la tig vkhur skyogs brdung zer/

我小伙名叫背锅敲勺人。

ting ting zangs kyi skad red/

“叮叮”是铜勺的声音，

dbyangs can lha movi gsung red/

是妙音天女的声音。

八点：sha

sha khu zhim po khyi la ster/

鲜美肉汤喂了狗，

khyi rgan rgyags pa de nas byung/

从而才有大肥狗。

sha ra ra sha ra ra/

夏若若，夏若若。

a brgyad sha brgyad sha pho brgyad/

八是八个男子汉，

sha pho brgyad la ri chu brgyad/

八条江河八座山，

chu kha ma na nya mo brgyad/

八条河是八条鱼，

nya mo brgyad la gser shog brgyad/

八条金鱼金色闪。

sha sha/

嗄（八）！嗄（八）！

sha ba byang thang gzhung la yad/
北方羌塘才有鹿，
ri bon po tavi gseb la yod/
兔子在布达拉山上也找着。
sha spag la za res red/
肉配上糌粑吃的，
ja chang la vthung res red/
茶配上酒喝的。
stag shar brgyad la skra skor brgyad/
八条大汉八盘发辫，
dman bu mo brgyad la gyas dung brgyad/
八位姑娘八只右旋海螺。

九点： sgug/dgu
sgug dang sgug dang nga sgug dang/
说吧说吧，对我说！
sde med thang la mnyam vgro byas/
跟我一起去荒原。
sgur tsam sgur tsam vgro stangs de/
弯腰曲背的姿势，
a pha gcod kyi vgro stangs yin/
是老汉行路困难啊！
dgon pa ya gi mtho ba la/
那座寺庙好高啊！
ka ba med pavi ya mtshan la/
没有柱子多奇妙！
dgu gsum la skar ma blta mi dgos/

三九天气别数星星，

de ring skar ma kun bzang red/

今日是福星高照哩！

sgur ru ru sgur ru ru/

咕噜噜，咕噜噜。

rgas po la la vgro dus sgur ru ru/

老汉爬山弯着腰，

rgas mo klung la vgro dus sgur ru ru/

老婆子走道弯着腰，

phru gu me tog btog dus sgur ru ru/

小伙子摘花弯着腰，

dgu dgu dgu/

古（九）！古（九）！古（九）！

dgon pa skyid pa se brag g·yav lung na/

寺庙清静数“雅砻”，

bla ma bang po shakya rgyal mtshan bzhugs/

喇嘛有德数释迦坚参①。

十点： chu

chu pa dkar po shon mkhan a ma red/

白大氅外套是老妈妈让穿的，

ming la dge vdun btags mkham a ma red/

名叫“格顿”是老妈妈给取的。

chu mo chen po yul gyi rgyan/

大河大水，是地方的美景点缀，

① 《囊萨姑娘》中的人物。

me tog ce mo spang gi rgyun/
大花大朵，是草坪的装饰。
phyug po chen po yul gyi gshed ma red/
大财主是地方的杀手，
mu ge byung na ltogs shad sngon la rgyag/
灾荒临头先叫饥饿！
chu gsum mdovi grwa pa byas pa las/
与其做三河口的小“扎巴”①，
dgav sgang gi mag par phyin pa dgav/
不如做“甘岗”家的上门女婿！
chu ris shig shig ngang pavi sgro/
花花草草蓝天鹅的羽毛，
de las mdzes pa rma byavi sgro/
孔雀的翎毛更漂亮。
dbyar chu dbyar gyi chu red/
夏水是夏天的水，
dgun chu dgun gyi chu red/
冬水是冬天的水，
tsha ba rong gi chu red/
这是“察瓦绒”地方的水啊！
phyug po ping ping gi wa zhwa de/
富人顶着狐皮帽，
pha rgas dus bu la vjog le red/
年老了，留给儿子戴的！
chu chu chu/

---

① 沙弥。

曲（十）！曲（十）！曲（十）！

十一点： thog/rdog

thog rgyab na thevu rang go la rgyab/

霹雷请往“梯乌朗”[①] 上打，

klad pa rdza gu gnam la mchod/

颅器陶盆往天上供养，

[mi nga la thog mdevu gi zhag pa ma red/]

可别往我头上落一粒！

mthon po gangs stod vgrim pa la/

往雪山高处去云游，

srog chags gzhan la skrag mi dgos/

任何牲畜都不怕！

thog chen po thad kar ma brgyab na/

大霹雷如不直接往下打，

dngul rin chen mi la shor vgro da/

银子、宝贝可要落到别人手！

pha thog dgav ba rgyal ba byams pa/

男子汉喜欢男神强巴，

ma thog dgav ba g·yul rgyal sgron ma/

女子喜欢“玉杰卓玛”，

devi phru gu vbum pa khra ril/

他们的孩子喜欢花花的宝塔，

thog thog thog/

脱（十一）！脱（十一）！脱（十一）！

---

① 地仙桃朗，一种土地小神。

mtho mtho gsum gyis bya ra khug/

高高三下，替我守着，

dmav dmav gsum gyis bya ra khug/

低低三下，替我看着。

tho gevi ri nag mthon po khug/

一直带往黑山上，

rkang thang rku mas rgyab nas khug/

赤脚小贼偷了去。

thog thog thog/

脱（十一）！脱（十一）！脱（十一）！

十二点： vjang

cang mo bcu gnyis lug vtsho yag/

姑娘十二就放羊，

lug vtsho rogs dgos na a phas byed/

放羊的伴儿是老汉。

ca mo ca mo ca mo/

甲木！甲木！甲木！

cang mo lcam red/

姑娘：太太！

gzhu mo gzhu red/

弯弓，是弓！

khra chung mig red/

小花，是眼！

gangs dkar sems red/

白雪，是心！

vjang las chu shur skyid pa/

"曲水"比"姜"地舒服，
spag las mo mos zhim pa/
"包子"比"糌粑"好吃。
vjam dpal long shog/
吉祥文殊来吧！
tshogs phor vkhyog shog/
大点子来吧！
vjang pha givi mi de skug pa red/
"姜"地人们傻乎乎，
wa movi gzhu gur gla rtsivi dri ma kha gis/
狐皮箭套带着麝香味儿。
vjang sa tham rgyal mthong tsa na/
"姜"地萨当土王[1]一见到，
bdud a chun byis pa lo brgyad vdra/
我这小伙成了"八岁的小儿"了。

（原载《中国藏学》1996年第2期）

---

① 南诏王。

马球（Polo）新证

马球，一直被西方人士誉为“游戏之王”“王者之戏”（game's king and king's game），其来源甚古。一度风靡欧亚两洲，无远弗届。至今在中亚一带，特别在巴基斯坦的巴尔提斯坦（Baltistan）地区及印度拉达克（Ladakh）地区仍是人们喜爱的体育项目。①

一、马球的起源及传播

关于马球的起源问题，学者有不同的意见：一种意见认为马球发源于吐蕃，是吐蕃人的创造。不妨叫做“吐蕃说”。最早提出这一说法的是美籍德国学者劳费尔（B. Laufer，1874—1934）。他在1916年发表于《通报》上的长篇论文《藏语中的借词研究》中，说得颇为中肯。他说：

我们（英语中）的最有意思的藏语借词是polo，马球戏。《本世纪辞典》（The Century Dictionary）和《大

① 乌尔舒拉·萨迦斯托尔夫人（Mrs. Ursula Sagaster）：*Die Baltis*，法兰克福，1989年，第142—154页。

英百科辞典》(Encyclopaedia Britannica)卷22都认为它出自藏语。《本世纪辞典》还援引到巴尔提(居住在巴基斯坦境内的巴尔提藏语区,即所谓西部藏语区——引者)语词polo。叶斯开将此词写为bolo,而我们确知的拉达克藏语的形式却是polo。

他在这一条末尾表示:“我希望有一天能发表一篇有关这种球戏的详细的历史的研究文章。”可惜,生活的波折过早地结束了他才华横溢的生命。否则,我们在研究这一问题时将会是另外一种局面了。晚近阴法鲁教授和应琳教授基本上都是同意这一意见的。① 韩国磐教授在他的一篇专论《唐朝时汉族和少数民族的经济文化交流》中,说了带有倾向性的话,他说:“吐蕃人喜欢打球,……当时汉人球艺系从吐蕃学来,至少也是汉人学打球的对象之一。……所以,不仅仅汉人文化大量输入吐蕃,吐蕃的文化艺术对汉人也很有帮助。”②

笔者也认为马球最早是起源于吐蕃,逐步西传到达中亚乃至欧陆。这从藏语最早的一本词汇集,即公元8—9世纪之间成书的《翻译名义大集》(Mahāvyutpatti, bye brag tu rtog pa chen po)中所载的po lon(囊线团)一词,可以确认。同时,还可以从《新唐书·吐蕃传》所载的一件有趣而有力的材料中得到证明:

---

① 阴法鲁:《唐代西藏马球戏传入长安》,《历史研究》1959年第6期。应琳:《英语中的藏语借词》,《民族语文》1981年第2期。

② 韩国磐:《隋唐五代史论集》,生活·读书·新知三联书店,1979年,第412页。

显庆三年，［吐蕃赞普］献金盎、金颇罗等，复请婚。

这里所谓金颇罗，就是金球，颇罗只能是藏语 polo 的译音，不是其他。

另一种意见认为马球发源于波斯，可以叫做“波斯说”。以向达（觉明）教授为代表。他在一篇名为《长安打球小考》的著名论文中说：

波罗球（polo）为一种马上打球之戏。发源于波斯，其后西行传至君士坦丁堡，东来传至土耳其斯坦。由土耳其斯坦传入中国西藏、印度诸地。日本、高丽皆有此戏，则又得自中国也。[①]

罗香林基本沿袭这一论述。[②] 晚近，研究中西交通史和世界史的学者岑仲勉、刘子健二教授也持同一观点。[③] 但没有多少说服力。主要因为这几位教授沿袭了传统的观点，没有提出任何有力的证据。

以上两说，有共同之处，即马球是顺着丝绸之路东西传布的，所不同者是源之点，可以概括为：路线相同，

① 向达：《长安打球小考》，载《唐代长安与西域文明》，原载《燕京学报》专号之二，1933 年。

② 罗香林：《唐代波罗球戏考》，载《唐代文化史研究》，商务印书馆，1946 年。

③ 岑仲勉：《隋唐史》下册，中华书局，1980 年，第 675 页。岑氏且谓“颇罗球”乃古伊朗文 Vareta 的音译。因中古汉语无轻唇音，故变如 Pareú，云云。存此一说。刘子健：《南宋中叶马球衰落和文化的变迁》，《历史研究》1980 年第 2 期。

方向相反。吐蕃人球艺的高超在当时确是闻名的，这一点也有记载。马球作为一种体育活动在唐和西蕃（吐蕃）受到普遍重视，朝野上下竞相趋之。封演在他的《封氏闻见记》卷6打球条中记载：

太宗尝御安福门，谓侍臣曰："闻西蕃人好为打球，比亦令习，曾一度观之。昨升仙楼有群蕃街里打球，欲令朕见。此蕃疑朕爱此，骋为之。以此思量，帝王举动岂宜容易，朕已焚此球以自诫。"

看来，焚球并未戒球，禁止一种体育活动并非那么容易，尤其当它带有群众性的时候。我们不妨再看看封演在同一书中的另一段记载：

景云中，吐蕃遣使迎金城公主，中宗于梨园亭子赐观打球。吐蕃赞咄奏言："臣部曲有善球者，请与汉敌。"上令仗内试之，决数都，吐蕃皆胜。时玄宗为临淄王，中宗又令与嗣虢王邕、驸马杨慎交、武延秀等四人敌吐蕃十人。玄宗东西驱突，风回电激，所向无前，吐蕃功不获施。

这里真正把宫廷主队与吐蕃客队，由不同民族组成的两个球队对抗赛的情景再现了出来。至于唐玄宗球艺的水平，确实是第一流的国手，从做王子直到位居九五，始终耽乐于马球之戏。宋人晁无咎在若干年后，还就此事写了一首诗：

宫殿千门白昼开，三郎沉醉打球回。
九龄已老韩休死，明日应无谏疏来。

二、唐玄宗击球画卷简介

中国历史博物馆藏李龙眠白描画卷《唐玄宗击球图》，是关于唐代马球之戏的最重要的记录。原为海虞项氏家中收藏，后入内府，今归中国国家博物馆。画前有中书金湜题款“龙瞑（眠）真迹”。画面有唐玄宗、杨贵妃、高力士等十六骑击球阵势。洪武十五年（1382）二月望日，吴郡傅著观画题跋有助于了解，今录如下：

古者图画之有益于人也，尚矣！绘豳风而知稼穑之艰难，貌王会而见蛮夷之率服。又若图刘向列女传，使善者有所法，恶者有所惩。载瞻载顾，是则是师。匪徒为玩好之具，遣适之资而已。海虞叶彦德氏出示唐玄宗与杨贵妃击球图白描一卷，藏者以为龙眠居士所画，求余识焉。观其自玄宗贵妃下及女嫔从，以至宦者高力士之徒，凡十六骑，或驱驰抢球，或控驭监阃，布置不凡，笔法精致。而玄宗涵龙凤之姿，显天日之表，在马上俨然有南面态度。以此鉴之，此画果出于李龙眠之手，洵非庸工所能及，列之神品中可也。若夫唐有天下，休养百年，至玄宗承熙洽之运，享太平之福，政宜修己安居，求贤图治，以保守鸿业。乃纵其乐逸，耽惑女宠，昵比佞倖，而击球驰马，即斯图所绘，般乐如此，卒至于播迁迫逐，几亡社稷，要皆纵乐之所致欤?！噫！纵乐之事，非特有国者所当戒，有家者亦然。是则观斯图者，可以知警矣！信哉！图画之有益于人也，藏者宝之。时洪武十五年二月望日，吴郡傅著[①]题。

复有海虞（吴郡常熟县）吴乾以一长歌作跋，歌以“龙眠居士画入神，殿图快者警绝伦”起句，中间述及“明皇击鞠，龙髯凤目，……渔阳击鼓”，汪洋恣肆，一气呵成，最后点出了“龙眠亦复绘此本，正与击鞠相并陈，戒尔荒勖尔勤”。诗过长，不录。

次又有董其昌[②]跋款云：

李伯时画，如九歌、渊明归去来，皆宋人赝作，流传甚多。唯韩宗伯家郭汾阳单骑见虏图，子家白莲社图、理帛图及项氏此图笔法精妙，应称神品。此卷有吴乾古时诗，诗与书法皆不俗，尤可藏也。董其昌者于南湖因题。

末尾有年羹尧[③]跋语，云：

击球图无款识，而董文敏直以为龙眠的笔。文敏考究精当，赏鉴高贵，自是不爽。余独爱其画马，非俗手所能到。即非龙眠，亦宋元名家也。

---

① 傅著事迹见《明史·文苑传》。傅著，字则明，长洲人。洪武二年招入史馆，与纂修《元史》。史成归为常熟教谕，历官知府。

② 董其昌（1555—1636），明代书画家，官居南京礼部尚书，谥文敏。其画风画论对晚明以后，曾起极大影响。

③ 年羹尧（1679—1726），清代将领，曾任抚远大将军，雍正三年被下狱赐死。

这一幅佳作，出自名家手笔，① 上距唐代不远，故能传其神态，历宋、元、明、清，至今已1000余年。而题跋诸公傅、吴、董、年皆赏鉴大师。所见精到，品题堪供玩味。

透过这一幅画卷，也可看出汉藏文化水乳交融，真是“帝王哪知民间事，遍地野花逐征程！”在公子王孙歌舞饮宴之余，人民之间已悄悄地走在一起了。这一画卷所表现的人物、故事大都与史家著录相合，人们不难看出在马球（polo）之戏中，蕴孕着民族之间美妙的生机。

三、马球的赛场赛法略探

打马球是一种带有集体性的比赛活动，需要适当的场地。这种唐人球场要求平坦、宽广，适合于跃马奔驰，往来回旋。当时就有歌咏球场的诗作，如阎宽在《温汤御球赋》中描写道：

广场惟新，扫除克净，平望若砥，下看犹镜。微露滴而必闻，纤尘飞而不映。欲观乎天下之人，先受乎将军之令。

诗人杨巨源的《观打球有作》，有更细腻的描写：

① 李龙眠（1046—1106），名公麟。精画鞍马，白描线画，形神兼备，宋代第一画家。

新（又作亲）扫球场如砥平，龙骧骤马晓光晴。
入门百拜瞻雄势，动地三军唱好声。
玉勒回时沾赤汗，花鬃分处拂红缨。
欲令四海氛烟静，杖底纤尘不敢生。①

在宫廷、贵族倡导之下，打球之戏相习成风，甚至用油泼洒球场，以防烟尘。《资治通鉴》卷209《中宗纪》就载明："上好击球，由是风俗相尚，驸马武崇训、杨慎交洒油以筑球场。"可以想象到这一支宫廷王孙公子组成的球队的豪华、奢靡程度。由吐蕃传来的这种娱乐（体育）活动，由皇帝带头提倡，贵族子弟推波助澜，弄得满城上下，乃至臣工百姓无不喜爱。

我们现在无法把吐蕃打马球的实况说清楚，不如引一段汉文记载，《金史·礼志》：

已而击球，如乘所常习马，持鞠杖，杖长数尺，其端如偃月。分其众为两队，共争击一球。先于球场南立双桓，置板，下开一孔为门，而加网为囊，能夺得鞠，击入网囊者为胜。或曰：两端对立二门，互相排击，各以出门为胜。球状小如拳，以轻韧木枵其中而朱之。皆所以习趫捷也。

看来，这是打半场与打全场两种打法的描写。与上述一幅打球图以及唐章怀太子墓的壁画马球图相比，大致相等。

---

① 《全唐诗》卷333，中华书局，1979年，第3726页。

前引唐代诗人阎宽的诗中说："珠球忽掷，月杖争击。"这珠球，这月杖，都是很合体制的。诗人蔡孚在《打毬篇》中说：

德阳宫北苑东头，云作高台月作楼，
金锤玉蓥千金地，宝杖雕文七宝毬。
……
奔星乱下花场里，初月飞来画杖头。①
……

这里把球、球场、球杖写得很华丽、动人。大致可以确定，吐蕃传来的马球戏，球是朱红色的，有拳头大小，用木头雕成，外面用皮革裹好，上色。球杖一头弯曲，像一钩新月。打球双方都是骑在马上，往来击球，以击入对方球门为赢。

如今，从拉达克和巴尔提地区藏人中，还可以找到打马球的活动实况，可资印证。韩国磐教授的话是可取的："不仅仅是汉文化影响了吐蕃，而且吐蕃文化也影响和丰富了汉文明。"

附记：

关于马球之戏，究心已久，曾提出一篇小文"An Inquiry into Polo"，1989 年 8 月 28 日在日本东京举行的第五届国际藏学讨论会上宣读。来香港后读《明报月刊》第 294 号，即 1990 年 6 月号上《马球服装研究》及《马

① 《全唐诗》卷 75，中华书局，1979 年，第 817 页。

球简史》两文，空谷足音，跫然而喜，知道在香港文化界也有君子对此道产生兴趣。乃不揣谫陋，拾缀旧文，草书此篇，此应《法言》“西藏专辑”之雅意，兼向《明报月刊》读者请教！

（原载《法言》“西藏专辑”1990 年第 8 期）

《金瓶梅》与明代藏传佛教

一、《金瓶梅》的社会历史意义

《金瓶梅》作为中国第一部描写世态人情、市井生活的长篇小说，由于其中颇多淫词媟语，露骨的春情挑逗性的猥亵描绘，成为最不名誉的文学的代表。自明万历年间（1573—1620）问世以来，屡遭焚禁。但是，鲁迅（1881—1936）、郑振铎（1898—1958）等几位思想、文学巨匠，另具慧眼，给予相当高的评价。鲁迅说：

> 作者之于世情盖诚极洞达，凡所形容，或条畅，或曲折，或刻露而尽相，或出伏而含讥，或一时并写两面，使之形相变幻之情，随在显现，同时说部无以上之。
>
> 至谓此书之作，专以写市井中间淫夫荡妇，则与本文殊不符。缘西门庆故称世家，为缙绅，不惟交通权贵，即士类亦与周旋，著此一家，即骂尽诸色，盖非独描摹下流言行，加以笔伐而已。①

郑振铎如此评价《金瓶梅》：

① 鲁迅：《中国小说史略》，《鲁迅全集》第9卷，第180页。

> 一朵太可怪的奇葩，叙述社会家庭的日常生活，描状市井无赖的口吻、行动都极逼真的，大有近代的写实小说的作风。①

对于书中的淫秽文字，仅用“佛头着粪”四字一笔带过，而专门赞扬其揭露封建社会的黑暗、丑恶和风气污浊的一面。他又说：

> 那是一部不朽的、描状封建社会黑暗面的入骨三分的杰作。像一位医生用解剖刀来解剖病人似的。这部小说的作者把封建社会的痛状解剖得清清楚楚，只是不曾把疮口缝好，不曾开出治病的医方来而已。②

看来，他们二位都确认了此书写实主义的笔法，肯定了它揭露封建社会黑暗面的功绩。而另一位历史学家吴晗（1909—1969），作为明史专家，目光如炬，他注意到《金瓶梅》对明代社会历史的认识作用。远在 1933 年（吴氏年方 24 岁），他就写出名重一时的论文《〈金瓶梅〉的著作时代及其社会背景》，③ 博引广搜，探幽抉微，以文索史，用史证文，结论性地判定《金瓶梅》是万历中期的作品，亦非王世贞所作。文中把《金瓶梅》所反映的社会背景条分缕析、剔透明了。如从《金瓶梅

---

① 《郑振铎古典文学论文集》，上海古籍出版社，1984 年，第 9 页。
② 《郑振铎古典文学论文集》，上海古籍出版社，1984 年，第 453 页。
③ 原载《文学季刊》创刊号，收入《读史札记》，三联书店，1956 年。

词话》本第7回孟玉楼有这样一句话："紧看起来，朝廷爷一时没有钱使，还向太仆寺支马价银子来使。"吴先生利用《明史》卷92《兵志·马政》中所记录的太仆寺常盈库中贮备用马价一事及其演变的故实，取《明史》中的《食货志》《张居正传》《王用汲传》《方逢时传》《孟一脉传》《何选传》《张贞观传》《雒于仁传》《郑一鹏传》《刘体乾传》以及朱国桢《涌幢小品》等书详加考订，最后确认：这是"万历十年（1582）以后的史实，则其著作的最早时期必在万历十年以后"。对于《金瓶梅》中表现的明代宦祸之烈，吴先生则用"太监、皇庄、皇木及其他"一节作如下勾勒：派镇守、采皇木、领皇庄、榷商税、采矿藏、刮民财，种种横行不法，鱼肉百姓，以及地方官吏曲意逢迎，内外勾结，"造成人民逃窜，户口消耗，道路嗟怨，闾里萧条，强梁者起而为'盗贼'，柔善者转死于沟壑的崩溃局面"。结论是："这样一个时代，这样一个社会，农民的忍耐终有不能抑止的一天。不到三十年，火山口便爆发了！张献忠、李自成的大起义，正是这个时代、这个社会的必然发展。这样的一个时代，这样的一个社会，才会产生《金瓶梅》这样的一部作品！"

吴晗先生也注意到，书中描写的宗教活动反映着当时的社会风气，但是他未能就这一问题展开。例如，《金瓶梅》对明代的道教在社会上的作用、道士的社会地位、道士所做斋醮的仪轨描写颇多，很值得进一步深入探讨，吴先生囿于篇幅，未见论述，非常可惜。

中华文化向来是多元的，在历史长河中，各民族文化流入这一主流中，汇成浩浩荡荡的绚丽多彩的场面。

尤其是边疆少数民族具有特异性质的文化——如藏族的密教文化，在一定条件下对中华民族文化起了意想不到的催化影响，而且当它汇入中华文化主流时仍然保持了其特点。像《金瓶梅》的作者，生活在那个特定的时代，他笔下反映了藏族密教文化在中原内地的铺陈和发展，这既非偶然，也非信口雌黄，而应该是历史事实。我们由此，大可以探索中华文化汇合的过程。

二、从《金瓶梅》看明代喇嘛教的流布

《金瓶梅》的主人公西门庆怎样发迹的？他那泼天财富又是怎样得来的？他的诀窍是商而官，官而商，亦官亦商，官商一体。由一名普普通通的生药铺老板（在今天，该称为总经理、董事长之类的名目了），发了几笔肮脏的横财。特别是勾引上朋友的妻子，花太监的内侄媳妇（似乎还是花太监的内宠），这个长期处于性苦闷的富婆，从西门庆这样风月高手的怀抱中得到极度的满足，于是由她奉献了大量的私房体己。西门庆运用这些钱财进一步去运动官府，通过当朝蔡太师的管家引荐，巴结上蔡京，送上厚重的生辰礼，居然谋得山东提刑所理刑副千户的缺，在他老家清河县管理一县的刑事案件（几乎相当于刑事警察局局长），后又转为正千户实缺。声势煊赫，气焰熏天，富甲一方，挥洒阔绰，俨然缙绅。本地缨簪和过境官员，那御史、学士、太监内相、太尉都由他送往迎来，负责接待。内翰学士蔡攸就在西门庆私人花园里安下行馆，游宴供饔飧，娼妓奉枕席，竭尽逢迎。而在地方上蔚然成一方之地主了，称王称霸，包揽

讼词，私和人命，雄视全城，虎踞清河。像蒋竹山、韩二鬼等类的情敌，或则唆使几个流氓上门抓打，或则弄到千户衙门里“夹上一夹”，小菜一碟，不在话下，谁敢说个不字！正如烈火烹油，光焰耀眼。

就在此时，西门庆在官场上得意、商场上顺手、情场上娱心的时刻，那位千娇百媚、体态风流，给他带来好运的李瓶儿，却尸横灯影，血染空房，一命呜呼，年仅27岁。这应该是对西门庆的当头棒喝，促其猛省。谁知这厮迷恋酒色，一意狂淫，对李瓶儿暴死未有任何悔悟之心，甚至在丧礼中又勾搭上瓶儿房中的奶子，肆意宣淫。对于瓶儿丧事一味摆阔气、装体面，连做四场法事，和尚、道士、尼姑和喇嘛，各有专场，香烟缭绕、铙钹齐鸣不过是遮人耳目而已。这就反映出当时社会风气之堕落，道德伦理之腐败，已臻于极点。

今单就瓶儿丧礼中的喇嘛法事，作一番探讨，山东清河县何以能有喇嘛法事的风俗？明代喇嘛教流布的历史背景如何？请看下文，《金瓶梅》第65回“愿同穴一时丧礼盛，守孤灵半夜口脂香”中有这样一段描写：

话休饶舌，到李瓶儿三七，有门外永福寺道坚长老领十六众上堂僧来念经。穿云锦袈裟，戴毗庐帽，大钹大鼓，甚是整齐。十月初八日，是四七，请西门外宝庆寺赵喇嘛等十六众来念番经，结坛跳沙，洒米花行香，口诵真言，斋供都用牛乳茶酪之类，悬挂都是九丑天魔变相，身披璎珞琉璃，项挂髑髅，口咬婴儿，坐跨妖魅，腰缠蛇螭，或四头八臂，或手执戈戟，朱发蓝面，丑恶无比。午斋已后，就动荤酒，西门庆那日不在家，同阴阳徐先生往坟上破土开圹去了。后晌方回，晚夕打发喇嘛散了。

上面这一段描写的喇嘛佛事，有寺有僧，其偶像崇拜、宗教活动仪式，确实是元明以来汉族知识分子眼中喇嘛形象的典型，绝非杜撰。要了解《金瓶梅》里何以有喇嘛的记录，先得弄清楚宝庆寺和赵喇嘛究竟是实有还是虚构?

先说说宝庆寺。《明实录》正统元年（1436）五月丁丑载：

减在京诸寺番僧。先是番僧数等，曰大慈法王、曰西天佛子、曰大国师、曰国师、曰禅师、曰都纲、曰剌麻，俱系光禄寺支待。有日支酒馔一次、三次，又支廪饩者，有但支廪饩者。

上（英宗）即位之初，敕凡事皆从减省。礼部尚书胡濙等议：已减去六百九十一人，相继回还本处，其余未去者，命待正统元年再奏。至是，濙等备疏慈恩、隆善、能仁、宝庆四寺番僧当减去者四百五十人以闻。上命大慈法王、西天佛子二等不动，其余愿回者听，不愿回者，其酒馔廪饩令光禄寺定数与之。

宣宗在宣德十年正月乙亥驾崩，英宗即位，二月戊辰（1435 年 3 月 25 日），礼部尚书胡濙等议："在京各寺法王、国师、剌麻（喇嘛）六百九十余名减数存留，余者令回原寺住坐……上悉从所议。"现在见到的记载正是原议的具体落实。那么，可以肯定在京番僧分住慈恩、隆善、能仁和宝庆四座寺庙。前三寺住坐番僧均有记录，号称京城三大寺。《明实录》正统六年（1441）五月甲寅载：

北京会同馆大使姬坚等奏：大慈恩等寺分住国师、禅师、刺麻、阿木葛等三百四十四人，占用馆夫二百一十三人。

这是会同馆抱怨番僧占用馆内公役太多，影响了正常的接待工作而向皇帝上书，要求明确供应夫役的标准。这里提到的大慈恩寺赫赫有名，地在北京西城，今西长安街路北。金世宗大定二十六年（1186）建，元至元十二年（1275）重修，数易寺名，初名庆寿寺、大庆寿寺，又称双塔寺。明正统年间重修，改称大兴隆寺，以后径称大慈恩寺。《日下旧闻考》卷43有极明白的考证：“双塔寺即元庆寿寺，在西长安街，塔二：一九级，一七级。”“庆寿寺亦名大慈恩寺，在禁墙西，俗呼曰演象所。”“正统十三年（1448）二月，修大兴隆寺，寺初名庆寿，在禁城西，金章宗时所创。”“嘉靖初，废大慈恩寺，从锦衣卫之请，即其地改为射所。今京城内西长安街射所亦名演象所，故大慈恩寺也。”程钜夫（1249—1318）《雪楼集》中有《大庆寿寺大藏经碑》，赵孟頫（1254—1322）《松雪斋集》中有《庆寿僧舍即事诗》。要言之，大慈恩寺（庆寿、双塔、兴隆）明代即作为大应法王扎实巴（bkra shis pa）的焚修之所，是番僧集中的居住点之一。

《明实录》天顺六年（1462）十一月戊寅记：

召净觉慈济大国师锁南领占（bsod nams rin chen）至京师，馆之大隆善寺。

按大隆善寺今称护国寺，在北京西城新街口北，护国寺街即以寺得名。元至元二十一年（1284）建，初名崇国寺，明宣德年间赐名大隆善寺，成化间又赐名大隆善护国寺。《日下旧闻考》卷53有详尽的考证："大隆善护国寺，都人呼崇国寺。寺始至元，皇庆修之，延祐修之，至正又修之。元故有南北二崇国寺，此其北也。宣德己酉，赐名隆善。成化壬辰，加护国名。正德壬申，敕西番大庆法王凌戳巴勒丹（rin chen dpal ldan）、大觉法王札什藏布（bkra shis bzang po）等居此。"看来，作为西番僧人香火之地由来已久，又是京城中番僧集中的居住点之一。

又按能仁寺，亦称大能仁寺，在北京西城兵马司胡同迤北，该地因寺而名能仁寺胡同，寺已颓圮荒废。《日下旧闻考》卷50有考证："大能仁寺，洪熙元年因旧重修。"又引明礼部尚书胡濙《大能仁寺记略》碑文，云："京都城内有寺曰能仁，实元延祐六年（1319）开府仪同三司崇祥院使普觉圆明广照三藏法师建造，逮洪熙元年（1425），仁宗昭皇帝增广故宇而一新之，特加赐大能仁寺之额，命圆融妙悲净觉宏济辅国光范衍教灌顶广善大国师智光居之。……正统九年（1444）甲子七月立。"据《明实录》，天顺四年（1460）二月庚申追封圆融妙慧净觉弘济辅国光范衍教灌顶广善大国师智光为大通法王，遣官赐祭。成化间，朝廷封授的大悟法王札巴坚参

(grags pa rgyal mtshan）居能仁寺，寺内居住番僧法王、国师、禅师多至数十人。弘治十二年（1499）十月，“清宁宫新成，有旨命大能仁等寺灌顶国师那卜坚参（nor bu rgyal mtshan）等设坛作庆赞事三日。”

以上三寺是番僧在京集中居住的中心，而宝庆寺呢？《日下旧闻考》卷48引《寰宇通志》的资料说：“宝庆寺无考，今以宝庆寺碑文观之，或即宝磬寺之讹也。”下面又说：“宝磬寺，在城内东，元建，永乐十年（1412）重修。”关于此寺的来历，有雍正六年（1728）内阁中书吴麟撰《宝庆寺碑》略云：“宝庆寺建自唐代，明嘉靖甲辰岁，锦衣卫官石璞重修。其后侵毁，半为民居，有天然禅师鸠工修葺。又于邻家屋垣下得嘉靖时旧碑，移置庑侧。因勒石以志其事。”从《明实录》所载胡濙等人的奏章来看，宝庆寺应该与慈恩、隆善、能仁三寺一样，是番僧在京集中居住的地方，不过资料较少。而《金瓶梅》中所提到的宝庆寺，不在北京而被安放在清河了。

人们会问：喇嘛系番僧，何以姓赵？究竟是汉僧还是番僧？《明实录》景泰四年（1453）八月甲辰载：

巡抚湖广右都御史李实奏：四川董卜韩胡宣慰司番僧、国师、禅师、剌麻进贡毕日，许带食茶回还，因此货买私茶至万数千斤及铜、锡、磁、铁等器用。……边民见其进贡得利，故将子孙学其言语，投作番僧、通事混同进贡。请敕都察院禁约，今后私通番僧贸易茶货、铜、铁、磁、锡器物，及将子孙投作番僧、通事者，俱发口外充军。四邻不首，坐以违制之罪。

边民子孙学习西番言语、投作番僧已大有人在，所以御史有此奏。

《明实录》成化四年（1468）九月己丑载：

> 十三道监察御史康永韶等亦奏：今朝廷宠遇番僧，有佛子、国师、法王名号，仪卫过于王侯，服玩拟于供御。锦衣玉食，徒类数百，竭百姓之脂膏，中外莫不切齿，特朝廷未之知耳。又况其间有中国之人习为番教，以图宠贵。设真是番僧尚无益于治道，况此欺诈之徒哉！宜令所司查审，果系番僧，资遣还国；若系中国者，追其成命，使供税役，庶不蚕食吾民而异端斥矣！

这一道奏章痛陈利害得失，把“中国之人习为番教，以图宠贵”的事实揭示出来，言词异常恳切，但是，皇帝怎样答复的呢？诏曰：“番僧在祖宗朝已有之，若一旦遣去，恐失远人之心。”所以，赵喇嘛可能是番僧，但也不排除是汉人子弟习番教而为番僧的。

居留在内地的藏人选用汉姓也是古已有之，敦煌藏文写卷 P. T. 127 号（约为 9 世纪作品）中有《五姓说》一卷，以宫、商、角、徵、羽五音分金、木、水、火、土五行，而汉字姓氏分属五行，以占相生相克之意，藏人所选用的汉姓达七十余字，因而在敦煌及河西陇右的藏人中“汉姓藏名”者所在多有。日本京都大学高田时雄氏曾写了一篇著名的论文《五姓说在敦煌藏族》，[1] 文

---

[1] 中国敦煌吐鲁番学会编：《敦煌吐鲁番学研究论文集》，汉语大词典出版社，1990 年，第 756—767 页。

中还列举了张 stag skyes、王 klu legs、李 legs bzang 等人名。高田时雄有个结论："敦煌的一部分藏族人早在吐蕃时期就有采用汉姓的了。"那么，喇嘛姓赵也是顺理成章的事。事实上，居住在北京的老一辈子人，大概还记得雍和宫（那是清代官办的番僧寺）里有几位著名法师：包喇嘛、白喇嘛、辛喇嘛吧！喇嘛有汉姓是不足为怪的。

三、明代治藏政策

1368 年正月，大明王朝定国号为"大明"，定年号为"洪武"。公元 1368 年秋七月，朱元璋领导的，由徐达、常遇春指挥的明军，攻入元朝首都——大都城，元朝皇帝妥懽帖睦尔率领部分官员和宫廷内眷仓惶北撤，遁入蒙古大漠。朱元璋起自草莽，当过沙弥，虽已坐"龙廷"，常以自己平民出身而自豪："孤，淮西布衣"，也经常挂在嘴上。的确，下层的平民生活和战斗的风霜，锻炼了他坚强的意志和务实的工作作风。久战沙场，削平群雄，但蒙古精锐军旅仍虎踞北方，是为劲敌。既确定了新王朝战略上的对立面是北方，乃以重师扼守幽燕，并派自己最具才雄的儿子朱棣，以燕王身分统领军政大权。对于西北和西南地区的藏族（西番、乌斯藏），则采取了招抚和安辑的方针，这就是明朝开国之初的治边、治藏的政策。

洪武二年（1369），"太祖定陕西，即遣官赍诏招谕［西番］，其酋长皆观望。"于是，采取了军事上的配合行动，然后，"遣员外郎许允德招之"，"乃多听命"。由于以邓愈将军为首的西征大军，击溃了蒙古守军，克临洮西进，越陇山、下河州的强有力的声势影响所及，而许允德又是富有经验的民族工作官员，两度深入藏族地区，远访边陲，宣谕新朝旨意，收抚藏族头领，打消了这些藏族头领的顾虑和犹豫，使之决心归顺新朝，成绩显著。元陕西行省吐蕃宣慰使何锁南普等人，以元封金银牌印宣敕诣明军前请降。《明实录》载：

镇西武靖王卜纳剌率吐蕃诸部来降。

到了洪武六年（1373），“诏置乌斯藏、朵甘卫指挥使司，宣慰司二、元帅府一、招讨司四、万户府十三、千户所四”，基本上确定了藏族地区的行政构架。“以故元国公南哥思丹八亦监藏等为指挥同知、佥事、宣慰使同知、副使、元帅、招讨、万户等官凡六十人。以摄帝师喃加巴藏卜为炽盛佛宝国师。……至是，喃加巴藏卜以所举故元国公南哥思丹八亦监藏等来朝贡，乞授职名。”乌斯藏（西番）的事务，有了很好的进展，可以说招抚和安辑藏区的工作是顺利的，成绩是显著的，“不劳师旅之征，其效职方之贡”（洪武诏书语）。另一方面，朱元璋深知元朝崇信喇嘛、尊为帝师的故事，也知道佛教信仰在民间、在地方都很有影响，先后派遣了宗泐、克新、智光三位汉僧以他的私人代表身份进行疏通，寻求藏族宗教界的支持。《明实录》洪武三年（1370）六月癸亥“命僧克新等三人往西域招谕吐蕃，仍命图其山川地形以归”，就是讲的这件事。再看看洪武十年（1377）六月二十四日发出的一道白话诏书——《谕西番罕都必喇等诏》：

奉天承运的皇帝教说与西番地面里应有的土官每知道者：俺将一切强歹的人都拿了。俺大位里坐地有。为这般上头诸处里人都来，我行见了。俺与了赏赐名分，教他依旧本地面里快活去了。似这般呵，已自十年了也。止有西番罕都必喇拜桑他每这伙人，为什么不将差发来？又不与俺马匹牛羊。今使差人将俺的言语去，开与西番每知道：若将合纳的差发认了，送将来时，便不征他；若不差人将差发来呵，俺着人马往那里行也者。教西番每知道。俺听得说你每释迦佛根前、和尚每根前好生多与布施，么道那的是十分好的勾当，你每做了者，那的便是修那再生的福有。俺如今掌管着眼前的祸福哩，你西番每怕也那不怕？你若怕时节呵，俺每礼拜着将差发敬将来者，俺便教你每快活者，不着军马到你地面里来。你众西番每知道者。[1]

这一篇白话诏书，十分朴实有趣，完全是那位“淮西布衣”的口吻。诏书中的口气、神情、气度，活脱衬出朱元璋爽朗、率真的性格。诏文中值得注意的是对待宗教信仰问题：朱元璋一方面说：“你每释迦佛根前、和尚每根前好生多与布施，么道那的是十分好的勾当，你每做了者，那的便是修那再生的福有。”尊重并鼓励西番们从事佛事、布施，认为那是“十分好的勾当”；另一方面却站在执掌政权的高位上说：“俺如今掌管着眼前的祸福哩，你西番每怕也那不怕？”形同威胁。因为朱元璋当

① 《明太祖文集》卷1。

过皇觉寺小和尚，寺院生活的经历使他对于宗教的作用与群众的关系了解得清清楚楚，他把“修再世”和“度今生”结合起来考虑，鉴于前朝对喇嘛一味崇信的失误，便放弃元朝对喇嘛和喇嘛教的那一套政策，自己制定另外一套办法。《明史·乌斯藏大宝法王传》说：“洪武初，太祖惩唐世吐蕃之乱，思制御之。惟因其俗，尚用僧徒，化导为善。”这是不错的。《明实录》载，后来在正德年间，阁臣梁储露了政策的底线：

西番之教，邪妄不经，我祖宗虽尝遣使，盖因天下初定，藉以化导愚顽，镇抚荒服，非信其教而崇奉之也。

事实上，朱元璋的政策界限很严，他绝对不允许重蹈元宫廷的覆辙，对于番僧、喇嘛只是作为招抚、安辑政策的桥梁，没有过分的谄敬和迷恋。明人刘辰《国初事迹》记逸事中说：

太祖尝使人察听在京将官家，有女僧诱引华高、胡大海妻，敬奉西僧，行金天教法。太祖怒，将二家妇及僧投于河。①

可以说洪武之世，对喇嘛和喇嘛教的态度是一贯严肃的。变化是从永乐帝开始的。《明史·乌斯藏大宝法王传》：

---

① 另见《万历野获编》卷27“女僧投水”，与此略同。

有僧哈立麻者，国人以其有道术，称之为尚师。成祖为燕王时，知其名。永乐元年，命司礼少监侯显、僧智光赍书、币往征。

永乐皇帝是用非常手段夺取政权的，他驾下聚集了一批各色俊杰、鸡鸣狗盗之徒，包括僧侣和方术之士，设谋献策，广有信息。西番喇嘛哈立麻的大名早已知道，即位之初，立即派人去邀请，《明史》解释说："帝以番俗惟僧言是听，乃宠以国师诸美号，赐诰印，令岁朝。"《明实录》永乐元年（1403）二月乙丑载：

遣司礼少监侯显赍书、币往乌思藏，征尚师哈立麻。盖上在藩邸时，素闻其道行卓异，至是遣人征之。

与上引《明史》材料相符，侯显作为宦官，在永乐帝身旁伺候。而永乐帝起用身边内侍宦官代表皇帝出使，也是全新的措施。侯显，《明史》卷304有传，附在《郑和传》后。近人马旭根据《安多政教史》《洮州厅志》《临潭县志稿》及侯显墓残碑资料，考得侯显是藏族，出生于今甘肃省临潭县流顺乡寺底下村，至今临潭县尚有侯家大寺，系明宣宗时始建。[①] 永乐帝知人任事，由藏族人、当过喇嘛的侯显出使，往征哈立麻（噶玛 karma，西藏佛教噶举派下重要支派）。到了永乐四年（1406）十二月，顺利完成任务，将哈立麻等一批藏族宗教领袖请到

① 马旭：《从僧人到外交家——论藏族领袖人物侯显》，《西藏研究》1993年4期。

南京觐见。那是一件大事，永乐皇帝用极不寻常的举动安排接待的仪注。《明实录》永乐四年十二月乙酉载："尚师哈立麻至京，入见，上御奉天殿。"永乐四年十二月庚戌载：

宴尚师哈立麻于华盖殿，赐金百两、银千两、钞二万贯、彩币四十五表里，及法器、茵褥、鞍马、香果、米、茶等物，并赐其徒众白金、彩币等物有差。

永乐五年（1407）正月甲戌载：

赐尚师哈立麻仪仗：牙仗二、瓜二、骨朵二、幡幢二十四对、香合儿二、拂子二、手炉三对、红纱灯笼二、鲍灯二、伞一、银交椅一、银脚踏一、银水罐一、银盆一、诞马四、鞍马二、银杌一、青圆扇一、红圆扇一、帐房一、红纻丝拜褥一。

这种富贵荣宠都是空前的，好一派钟鸣鼎食的气势。永乐五年二月庚寅载：

尚师哈立麻奉命率僧于灵谷寺建普度大斋，资福太祖高皇帝、孝慈高皇后。竣事，赐哈立麻金百两、银千两、钞二千锭、彩币表里百二十、马九匹。灌顶圆通善慧大国师哈师巴啰葛罗思等各银二百两、钞二百锭、彩币十、马三匹。余徒众赐赉有差。

永乐五年三月丁巳载：

封尚师哈立麻为万行具足十方最胜圆觉妙智慧善普应佑国演教如来大宝法王西天大善自在佛，领天下释教；赐印、诰及金、银、钞、彩币、织金珠袈裟、金银器皿、鞍马。命其徒孛隆逋瓦桑儿加领真为灌顶圆修净慧大国师；高日瓦领禅伯为灌顶通悟弘济大国师，果栾罗葛罗监藏巴里藏卜为灌顶弘智净戒大国师，皆赐印、诰、银、钞、彩币等物。宴于华盖殿。

西番僧人受到荣宠，至此已臻极点，封号长达33个字，所赏赐的金、银、钞、彩币和各种用物仪仗真正是富埒王侯。永乐六年四月庚子载："如来大宝法王哈立麻辞归。赐白金、彩币、佛像等物，仍遣中官护送。"这不过开了个头，永乐帝接着派出中官杨三保、关宝等，召请西番喇嘛中其他教派领袖，如萨迦派的昆泽思巴。永乐十一年（1413）五月辛巳载：

命尚师昆泽思巴为万行圆融妙法最胜真如慧智弘慈广济护国宣教正觉大乘法王西天上善金刚普应大光明佛，领天下释教。赐诰、印并袈裟、幡幢、鞍马、伞盖、法器等物。

此前，永乐五年三月丁卯载：

封馆觉灌顶国师宗巴斡即南哥巴藏卜为护教王，灵藏灌顶国师著思巴儿监藏为赞善王，国师号悉如故，俱赐金印、诰命。

再前，永乐四年三月壬辰载：

遣使赍诏封乌思藏帕木竹巴吉剌思巴监藏巴里藏卜为灌顶国师阐化王，赐螭纽王印、诰命，仍赐白金五百两、绮衣三袭、绵绮五十匹、彩绢百匹、茶二百斤，其所隶头目并必力工瓦国师大板的达律师锁南藏卜颁赐彩币、衣服有差。

永乐十一年五月丙戌载：

命哲尊巴为灌顶圆通慈济大国师，必力工瓦端竹坚藏为灌顶慧慈净戒大国师，日托巴罗葛啰监藏为西天佛子灌顶净慈弘智广慧大国师，赐以诰、印。封领真巴儿吉监藏为必力工瓦阐教王，南渴烈思巴为思达藏辅教王，俱赐印、诰、彩币。

永乐十三年（1415）四月庚午载：

命尚师释迦也失为妙觉圆通慧慈普应辅国显教灌顶弘善西天佛子大国师，赐之诰命。

至此，永乐帝已完成了他制定的新的治藏政策——“多封众建，尊崇僧徒”的实施计划，所谓明封八王，即三位法王（大宝、大乘和大慈①）、五位世俗王（阐化、阐教、护教、辅教和赞善）大多在永乐帝手中完成。对藏族佛教中各宗派、各地区的领袖都一一作了妥善安排。可是，必须注意到这些活动都是皇帝一人统驭处理，不许其他任何人插手。《明实录》永乐六年十二月丙戌载：

敕晋王济熺曰：近者西番乌思藏阐化王奏尔以青锦、纻丝遗之。春秋人臣无外交，所以远嫌别疑、防微杜渐也。尔为国宗藩，不能恪守宪度，前与西番互市矣，今复不改，亦何恃而然欤！作福作威，人君大柄，尔以物赐外蕃，则是以国王行天子之事矣，戒之，慎之，不宜复尔！

永乐七年闰四月丁巳载：

赐肃王楧书曰：得奏必力工瓦国师等馈方物，令长史司受以俟命，已见忠实不欺之美。昔春秋致谨外交，所以防微杜渐。今既以相馈，宜姑受之，后来亦宜拒绝。庶免小人谗间，而贤弟永保令名于无穷矣！

永乐皇帝将西番、乌思藏地方的民族、宗教关系提到国家机密的高度，以觇其重视。继永乐皇帝之后，他

① 事实上，由于对新兴的宗喀巴所倡导的佛教改革派的力量还估计不足，只给了格鲁派领袖如上永乐十三年的“西天佛子大国师”的封号。到了下一位皇帝，宣德九年（1434）六月庚申，“遣成国公朱勇、礼部尚书胡濙持节封释迦也失为万行妙明真如上胜清净般若弘照普应辅国显教至善大慈法王西天正觉如来自在大圆通佛”。

的继位者洪熙、宣德、正统、景泰、天顺、成化、弘治诸朝，基本上萧规曹随，按着永乐皇帝的“祖宗成法”去做。可惜，他们都没有永乐皇帝那样的雄才大略，只是有权而无才，因而对藏事安排逐渐懈怠下去，只有用更多的封号、赏赐去笼络喇嘛，让更多的喇嘛在内地参与社会活动。这样，藏传佛教作为一种异质文化来到内地传布，就与中原文化不断地发生撞击、冲突和融合、变化，形成一种特异的景象。《明实录》成化四年（1468）四月庚戌载：

> 西僧以秘密教得幸，服食器用潜拟王者，出入乘棕舆，卫卒执金吾杖前导，达官贵人莫敢不避路。每召入大内诵经咒，撒花米、赞吉祥，赐予骈蕃，日给大官、酒馔、牲饩者再，锦衣玉食者几千人。中贵人见辄跪拜，坐而受之。法王封号有至累数十字者。

这是言官们的意思，大致符合实际的情况。

及至1506年，武宗正德皇帝继位，这位皇帝与众不同，对异族文化有十分强烈的兴趣。谈迁《国榷》卷49记录：“时上好异，习胡语，自名忽必烈（Qubilai，英武之王），习回回食，自名沙吉敖烂（shah-igrlan，少年王），习西番教，自名领占班丹。”他在15岁上继位入统，史学家还夸他：“武皇帝睿智性生，临朝或有纠奏，或罪或释，酬应敏甚，作诗挥笔而就。”何乔远在《名山藏》卷21中也说：“帝在东宫勤于学问，践祚之后，犹未尝辍。”可是，他对于其他民族文化的兴趣，却被错误地导向性放荡的泥潭中去。《明实录》正德二年（1507）

十二月辛卯载：

锦衣卫都指挥同知于永致仕，特许其子承袭指挥同知。永，色目人，善阴道秘戏，得幸于豹房，左右皆畏避之。又言回回女晳润瑳粲，大胜中国，上悦之。时都督昌佐亦色目人，永矫旨索佐家回女善西域舞者十二人以进。又讽请召侯伯故色目籍家妇人入内教之。内外切齿，后，上欲召永女入，永以邻人白回子女充名以入，惧事觉，乃求致仕。

年轻的皇帝玩上了瘾，在宫禁西华门内搞了一个豹房，由番僧大喇嘛传授密法。《明实录》正德十年（1515）二月戊戌载：

是时，西番僧得幸豹房。绰吉我些儿辈，出入豹房，与诸权贵杂处。是时，上诵番经，崇尚其教，尝被服如番僧，演法内厂。

这样玩得还不够，干脆以皇帝之尊去做一名“法王”。这是古今中外历史上最荒唐滑稽的事，《明实录》正德五年（1510）六月庚子载：

命铸大庆法王西天觉道圆明自在大定慧佛金印，兼给诰命。大庆法王，盖上所自命也。及铸印成，定为天字一号云。

皇上当法王，一时高兴，但究竟不能住到寺庙里，就找一个替身领占班丹充当。于是，这位替身的大庆法王获得“行童度牒三千，所自收度”的优待。这时，社会上充斥着的番僧、法王、佛子、大国师、国师、禅师、喇嘛，招摇过市，远远超过了元代。朝廷封授的名号浮滥之极，仅就王、法王一级，可开列如下：

大宝法王　得银协巴（哈立麻）　永乐五年封
大乘法王　昆泽思巴　永乐十一年封
大慈法王　释迦也失　宣德九年封
护教王　宗巴斡即南哥巴藏卜　永乐五年封
赞善王　著思巴儿监藏　永乐五年封
阐化王　吉剌思巴监藏巴里藏卜　永乐四年封
阐教王　领真巴儿吉监藏　永乐十一年封
辅教王　南渴烈思巴　永乐十一年封
大智法王　班丹札释　景泰三年封
大善法王　沙加　景泰七年封
大济法王　领占竹　成化十七年
大应法王　札实巴　成化四年封
大悟法王　札巴坚参　成化四年封
大善法王　星吉班丹　正德十年封
大德法王　绰吉我些儿　正德十年封
大觉法王　著肖藏卜　正德四年封
大通法王　智光（汉人）　天顺四年追封
法王　镇南监参　成化二十年封
法王　乳奴班丹　成化二十年封
法王　结斡领占　成化二十年封
法王　札实坚剉　成化二十年封
法王　著乩领占　成化二十二年封

法王　朵儿只巴　成化二十二年封

法王　卜剌加　成化二十二年封

法王　端竹领占　成化二十二年封

法王　札巴藏播　正德五年封

法王　那卜坚参　正德五年封

法王　乳奴领占　正德五年封

法王　舍剌扎　正德五年封

法王有特殊称号者12名，无特殊称号者12名，连同地方5王，共封了29名王、法王的王爵。封授的高潮为永乐、成化和正德三个时期。嘉靖皇帝登极以后，颇有一番改革之意，对于武宗正德年间滥用番僧、秽乱豹房的事，一一追究责任。《明实录》嘉靖二年（1523）闰四月乙巳载乔宇等奏：

陛下登极诏书首正法王、佛子、国师、禅师之罪，搜访内府宫观出入诱引之人，裁革善世、真人爵号及新建寺宇尽行拆毁，邪正之辨，了然甚明。

正德皇帝临终遗旨："豹房番僧俱放遣。"《明实录》正德十六年（1521）四月壬寅载，嘉靖继位后下诏：

正德元年以来传升、乞升法王、佛子、国师、禅师等项，礼部尽行查革，各牢固枷钉、押发两广烟瘴地面卫分充军，遇赦不宥。近日奏讨葬祭，一切停革，其中有出入内府、住坐新寺、诱引蛊惑、罪恶显著、现在京者，礼部通查明白，锦衣卫还拿送法司，问拟罪名，奏请定夺。

不过嘉靖皇帝又是一位迷信方术、酷崇道教的人，对于佛教，尤其是对藏传佛教的打击，也只是站在道教徒立场去分什么邪正而已。藏传佛教经过这一次冲击以后，逐渐转入正常的文化传播领域中，去看守属于藏传佛教的寺庙，参与一般的佛事活动。

说到这里，我们是否可以拉回原来的话题：《金瓶梅》中何以有喇嘛法事的描写？以上就是其社会和历史的背景。

还有一段余话：三宝太监郑和，声名显赫，识者均以为郑和为云南人，回回。今见到《佛说摩利支天经》永乐元年（1403）姚广孝题记："今菩萨戒弟子郑和，法名福善，施财命工刊印流通，其所得胜报，非言可尽矣。一日怀香过余请题，故告以此。永乐元年，岁在癸未秋八月廿又三日，僧录司左善世沙门道衍。"邓之诚《古董琐记》的"郑和印造大藏经"条中云："丁亥春，冀县李杏南得明初刻本《优婆塞戒经》卷七，后刻题记云：大明国奉佛信官内官监太监郑和，法名速南吒释，印福吉祥……"① 可见在明初内监，居然也取个番名速南吒释，对音应是 bsod nams bkra shis，译为福善、福吉祥均可，意味着喇嘛教的影响已经在逐步扩大，进入了宫廷。也许取个番名时髦吧！傅维麟《明书》记录一则笑话：一日散朝后，翰林侍读李继鼎问同僚："君等知'唵嘛呢叭咪吽'六字真言之意何解？"皆曰："不知"。李曰："我知，实乃'俺把你们来哄'也。"众大笑。从中亦可了

① 《古董琐记》，合订本，第593页。

解，当时儒家缙绅对密教的讥刺。

附记：

（1）本文所引《明实录》资料，系根据《明实录藏族史料》一书。该书是结合梁鸿志抄本和北图本辑录、汇编而成。

（2）日本藏学家佐藤长先生《中世纪西藏史研究》一书惠我良多，谨表谢意。

（原载《水晶宝鬘——藏学文史论集》，台北：佛光文化事业有限公司，2000 年。）

《红楼梦》第63回的“土番”正解

《红楼梦》第63回“寿怡红群芳开夜宴”是一个大目，铺陈瑰丽，热闹非凡。俞平伯先生写过极有趣味的专门文章，来考证夜宴中的群芳座次。力如雄狮搏兔，细似庖丁解牛，擘肌分理，引人入胜，至今传为美谈。读者自然都有所了解，且不赘述。如今，笔者却要提到这一回中的另外一段趣事，即“芳官乔妆”的关目。为了让读者方便，把这一小段文字引在下面，好在引文不长，不会嫌啰嗦：

［宝玉］因又见芳官梳了头，挽起纂来，带了些花翠，忙命他改妆。又命将周围的短发剃了去，露出碧青头皮来，当中分大顶。又说：“冬天作大貂鼠卧兔儿带，脚上穿虎头盘云五彩小战靴，或散着裤褪，只用净袜厚底镶鞋。”又说：“芳官之名不好，竟改了男名才别致。”因又改作“雄奴”。芳官十分称心，又说：“既如此，你出门也带我出去。有人问，只说我和茗烟一样的小厮就是了。”宝玉笑道：“到底人看的出来。”芳官笑道：“我说你是无才的。咱家现有几家土番，你就说我是个小土番儿。况且人人说我打联垂好看，你想这话可妙？”

这一段文字描写了宝玉所禀平等的民主精神，芳官所赋豪迈的潇洒性格，如闻其声，如见其人。那怡红院中算是大观园里一块净土，主仆之间形同契友，男女之别浑然不觉，一片和穆雍熙、融融乐乐的气氛，亲切感人。这些暂且不表。单说从芳官口中道出的“土番”和“小土番儿”，究竟应作如何解释？实际上，在读者脑子里会盘旋两个问题：（1）土番究竟指的什么人？（2）何以能说“咱家现有几家土番”？

那曹公雪芹是何等大手笔。《红楼梦》一书所涉及的社会世事、文物典章，关系一代文化。正如周汝昌先生所云：“岂尽向壁虚构所能为？”周策纵先生说：“曹雪芹是个非常渊博精深的作家，他的思想、艺术和人格，浸润着整个中国的深厚文化成就。我们如要充分了解他的作品和为人，也就非从多方面深入追索不可。换句话说，我们如果不从历史、哲学、政治、经济、社会、文化、文学、艺术以至制度和风俗习惯等各方面的传统来研究，那我们对曹雪芹和《红楼梦》恐怕是不能充分了解的。”① 这也是深有体会的个中人语。对于上述的这两个词语，不能泛泛地看作曹公是信手拈来的东西，其中必有一番解释。

1980 年出版的中国艺术研究院红楼梦研究所校注本，在这里下了一个脚注，云：“土番——古时称边境少数民族为番，俗称为土番。”就一般意义上讲，这一条脚注没有大毛病。稍嫌不足者是，似乎还应指出这个“番”字多少带有对少数民族轻蔑的意味。但是，芳官在这里所

① 周策纵：《周汝昌〈曹雪芹小传〉序》，百花文艺出版社，1980 年。

指的土番却是一个具体的、有当时现实意义的、活生生的专门语词，是实有所指。是一种专称，而不是泛称。这条脚注却把它跟当时的现实社会远远隔开了去，变成了一般的、淡化了的通语。显然，读者会感到不满足，也不能体味出曹公当初下笔的本意。那么，有人会问：既然如此，依你说，这土番应该作如何解释？依我说，这“土番”二字不是其他，实实在在就是指唐宋以来，汉文书籍中对藏族（地区、政权、人民）的称谓，或写作吐蕃、土蕃。谓予不信，请看《旧唐书》卷196《吐蕃传上》云：

吐蕃，在长安之西八千里。本汉西羌之地也。……或云南凉秃发利鹿孤之后也。……以秃发为国号，语讹谓之吐蕃。

此说又见于《册府元龟》卷956外臣部种族；卷958外臣部国邑二；卷961外臣部土风三。以后者所记最为详细。说明了吐蕃的位置和种族来源。

《资治通鉴》卷194也注意到这一材料，唐太宗贞观八年（634年，甲午）十一月甲申条下记着：“吐蕃赞普弃宗弄赞遣使入贡，仍请婚。吐蕃在吐谷浑西南。”这是司马温公在他的书中第一次提到吐蕃，表明他所在的位置。胡三省为《通鉴》作注时，在这条下面写道：“刘昫曰：吐蕃，秃发氏之后，语讹曰吐蕃。”（刘昫是担任监修《旧唐书》时的宰相，书成，由他领衔奏上，所以有些浮名，实际上是张昭远、贾纬等人的成果。）《新唐书》卷216《吐蕃传》上云：

吐蕃，本西羌属，盖百有五十种，散处河、湟、江、岷间，有发羌、唐旄等。然未始与中国通。……蕃、发声近，故其子孙曰吐蕃。

这里提出“蕃”是“发”的译音，声近而得。总之，唐代认定吐蕃所在之地域与今天的藏族所在地区基本一致。《旧五代史》《新五代史》《宋史》大都沿用唐人所说。到了元代，由于时代不同了，民族之间的交往大大增加，特别是吐蕃（藏族）与当时中央政权的关系更加密切，人们所记就更加清晰了。

《元史》卷202《释老传》云：“帝师八思巴者，吐蕃萨斯迦人，族款氏也。”这里明明白白把西藏萨迦（sa skya）出生的八思巴帝师的种姓标为吐蕃。同书卷87《百官志》云：宣政院，秩从一品。掌释教僧徒及吐蕃之境而隶治之。遇吐蕃有事，则为分院往镇。……至元初，立总制院，而领以国师。（至元）二十五年（1288年），因唐制吐蕃来朝，见于宣政殿之故，更名宣政院。

说到这里，几种主要官书记载均可证明吐蕃（土番、土蕃）就是指而今的藏族地区。今再以敦煌石室所出的藏文写卷来做一旁证（敦煌文献大致可确认为公元8—9世纪的遗书），其中藏文写卷P. T. 1263号所列的语词：第7列：rgya 汉，bod 特蕃，sog po 胡，va zha 退浑，dru gu 回鹘，rgya rje 汉天子，dru gu rgyal po 回鹘王，第8列：bod gyi btsan po 土蕃天子，va zha rje 退浑王。这份文书藏汉对照，是公元787年吐蕃占有河湟瓜沙以后，在敦煌一带定居的藏人留下的手迹。由此可知，当时藏人本身也已知道汉族和其他民族称呼他们为“吐蕃”。特蕃不过是土蕃的不同汉字译写而已。以上所引，可以说明“土蕃”不是泛指一般少数民族，而是专门指吐蕃，也就是今天的藏族而言。

读者又会问：那《红楼梦》里何以能引进土番呢？而且芳官何以又能说出“咱家现有几家土番”呢？

这一点，就需把《红楼梦》成书的年代和地点做一点交代。笔者服膺周汝昌先生考证的几点结论：曹雪芹生于雍正二年（1724 年），卒于乾隆二十八年的除夕（1764 年 2 月 1 日），而《红楼梦》在乾隆十九年（1754 年）业已脱稿，即有抄本，以名为《石头记》者传世。大致是 1744—1754 年的 10 年之间写成；据曹雪芹生前好友敦诚的诗句“残杯冷炙有德色，不如著书黄叶村”推断，《红楼梦》是曹雪芹在西山脚下完成的。

就在曹公呕心沥血伏居西山创作《红楼梦》之时，当时中国发生了一件大事：乾隆十二年（1747 年）二月开始，直到十四年（1749 年）二月，两年之间，乾隆万岁爷亲自发动了一场名为“平定金川”的战争。这次战争的对象不是别人，正是属于土番的一个地方土司——大小金川，藏语习惯称之为“嘉戎”（rgyal rong，意思是女王统治的山谷）。对于这场战争，在朝廷的本意以为蕞尔之地，传檄可定。谁知事非如此，打得非常艰苦。土番方面固然受到很大摧折，朝廷方面也屡屡损兵折将，全军士气低落。朝议中，兵部尚书班第上了一个奏折，建议起用久已遭贬、在乡服罪的岳钟琪，请他出来挽回败局。折子说得非常中肯，见于《清实录》高宗乾隆十三年二月甲申：

大金川地纵不过二三百里，横不过数十里，蛮口不满万人，现在军营已集汉、土官兵及新调陕、甘、云、贵四省兵丁，已至五万。乃闻将弁怯懦，兵心涣散，土番因此观望。……现在军营提镇各员，均非其选。再四思维，唯有岳钟琪夙娴军旅，父子世为四川提督，久办土番之事，向为番众信服。

班第描述了战云低暗，军务蜩螗。这一场战争打了一年多，“士马疲惫，馈饷繁难”。但还不能罢兵，还要苦苦地打下去，真正是骑虎难下。皇帝老儿在一年多的时间里三易统帅（张广泗、讷亲、傅恒），两诛重臣（张广泗、讷亲。说句真话，这两位死得冤枉），不得不哀叹：“以全蜀之物力，帑藏之脂膏，填于蛮荒边徼一隅之地，实为可惜。”（均见《清实录》）他眼看这场战争是个无底洞，看不到胜利的希望，总算明白了过来，密旨声称“今朕已洞悉形势，决意收局”。于是改派椒房勋贵傅恒大学士去收拾残局。

换上个新手，使他便于从政策上来个180度的大转弯。以招抚代替征剿，化干戈为玉帛。傅恒做好做歹，让岳钟琪去款洽、去游说、去争取，总算争取到金川土酋沙罗奔和郎卡二人的默契合作，签订了一个“六条协议”。这六条也是极为宽松的条款：（1）不许再犯邻封，（2）退还各土司侵地，（3）献马帮凶犯，（4）缴出枪炮，（5）送还内地民人，（6）与众土司一体当差（均见《清实录》）。这六条，事实上一条也未遵行，这是一纸空文和虚文，并未承担任何义务！双方休兵。二酋用“前来辕门请降”的形式，保全大皇帝的面子，一场漫天大火暂时地熄灭下去。

摆在乾隆帝面前一个难题，是化了如许帑银如何向臣工百姓做个交待。这时，一班颂圣能手、歌德雄才纷纷扬尘舞蹈，山呼万岁，《平定金川方略》《平定金川艺文》皇皇大文就应运而生。洋洋洒洒，堂堂正正，连皇帝老儿也醉眼旺眮起来。君不见，皇帝御制诗：

二月十四日，经略大学士忠勇公傅恒奏报，莎罗奔、狼卡于月之五日诣辕纳款，稽颡归诚，露布风驰，欢声载路，喜而有作：

止戈为武信其然，我泽如春经略宣。
共喜提兵来王阙，远胜俘虏自金川。
番酋路左心倾服，军心行间气旁鲜。
单骑汾阳休比拟，都因忠赤格穹天。

这一段诗文之妙，全在于含含糊糊。用似是而非的历史比喻来点题，似乎收拾残局的傅恒转眼间就成了系天下安危于一身的郭子仪了。这还不算完，还以“平定金川而告成太学”的典礼，勒石镌碑，以垂永久。这样，瞒天过海，把一场错误的对象、错误的地点、错误的行动、进行的错误的战争掩盖过去。

可怜的是在这场战争中被俘掠的土番男女，被弄到了京师。一大部分被安置在香山静宜园附近新建立的健锐云梯营营房左右居住。目的是当作假想之敌！正在这当儿，曹公雪芹以狷傲之身离开右翼宗学，归旗西山，著书黄叶之村。这批土番近在咫尺，目有所见，耳有所闻，因而《红楼梦》中就出现了“土番”，也是情理之中。

在同一回中，还有这么一段宝玉的话：

雄奴二音，又与匈奴相通，都是犬戎名姓。况且这两种人自尧舜时便为中华之患，晋唐诸朝，深受其害。幸得咱们有福，生在当今之世，大舜之正裔，圣虞之功德仁孝，赫赫格天，同天地日月亿兆不朽。所以凡历朝中跳梁猖獗之小丑，到了如今竟不用一干一戈，皆天使其拱手俛头，缘远来降。

“犬戎”正是古代汉族对吐蕃的又一称呼，见于韩愈、白居易的诗《缚戎人》，又见于《新唐书》卷215《突厥传》“吐蕃，犬出也，唐与为婚”等记载。文中所说的“不用一干一戈，皆天使其拱手俛头，缘远来降”，都是反映了当时社会上弥漫的歌功颂德的风气的影响。假如，就清初顺、康、雍之世，在民族事务方面，争取北方蒙古族和西方藏族合作共事的成功，是可以如宝玉所说：“如今四海宾服，八方宁静，千载百载不用武备。”但，乾隆一朝，穷兵黩武，刻意追求“十全武功”，造成了人民的痛苦、社会的动乱，则又作别论了。

当曹雪芹蛰居西山时，他能见到的“土番”，又是怎样生活的呢？其一，建立健锐云梯营与实行攻碉的操练，事见乾隆十五年（1750年）御制《赐健锐云梯营军士食，即席得句，有序》：

朕于实胜寺旁造塞庐以居云梯军士，命之曰：健锐云梯营，室成居定。兹临香山之便，因赐以食，是营皆去岁金川成功之旅，适金川降虏及临阵俘番习工筑者数人，令附居营侧，是日并列众末，俾预惠焉。

朱彝尊《日下旧闻考》中把健锐云梯营的建制，营房的分布、序列、碉楼数目一一都做了极为详尽的描写。由此可知，正是曹雪芹所居住的村邻所在，比屋而居。

上述御制诗里提到的实胜寺，见于乾隆十四年《御制实胜寺记》碑文（《日下旧闻考》），说得明白：

去岁夏，视师金川者久，而弗告其功，且苦酋之恃其碉也。……因忆敬观列朝实录，开国之初，我旗人蹑云梯肉薄而登城者，不可屈指数，以此攻碉，何碉不克？今之人犹昔之人也。则命于西山之麓为石碉也者，而简佽飞之士以习之，未逾月，得精其技者二千人。更命大学士忠勇公傅恒为经略，统之以行。……是以敌忾以往者，率中这而归，窃恨未施其长技，有余怒焉。记不云乎，反本修古，不忘其初，云梯之习犹是志也。而即以成功。……因命择向庀材，建寺于碉之侧，名之曰实胜。夫已奏之绩不可忘，已习之艺不可废。于是，合成功之旅，立为健锐云梯营，并于寺之左右建屋居之。间亦依山为碉，以肖刮耳、勒歪之境。

可以明确知道，健锐云梯营的建立、碉楼的修造、实胜寺的兴建，都是与大小金川之战——土番之战息息相关，而且这些事都有极明确的针对性。健锐云梯营军士为了攻打碉房，而碉房确实是金川土番自恃险阻的据守工事，乾隆为此十分头痛，专门训练这一支攻坚技术兵种，但未能用上，战事已经结束。然而，军事训练并未停止，而且有了加强。在第二次金川之战中显露出来！

碉房的修造完全模仿金川当地的格局，并且让俘虏来的土番参加修筑工程，力求惟妙惟肖。目的只有一个：加强实战的训练。还可以从乾隆十五年御制诗另一首《番筑碉》（《日下旧闻考》）中得到证明：

番筑碉，筑碉不在桃关之外，乃在实胜寺侧西山椒。狼卡稽颡归王化，网开三面仁恩昭，叔孙名子不忘武，佽飞早已旋星轺。俘来丑虏习故业，邛笼令筑拔地高。昔也御我护其命，今也归我效其劳。

番筑碉，不惟效劳，尔乃忘其劳，魋结环耳面颓𪩘，嗜酒喜肉甘膻臊。但得酒肉一醉饱，浑忘巴朗卡撒其故巢。其妇工作胜丈夫，粉不能白厄且幺。不籍绳墨与规矩，能为百尺森岧峣。

番筑碉，侏离番语为番谣，扬声强半不可晓。大都慕义怀恩膏。亦不为汝慕义怀恩膏，我自两阶文德舞戚旄，偶有汝制役汝曹，赉汝金线为锦袍。

这首诗描写土番人修筑碉房的技艺、生活习性以及与当地军士、人民共同劳动的关系。这些事实不能不给曹雪芹以影响。而且，上述诗文中提到金川有关的地名，如巴朗、卡撒、刮耳、勒歪；人名如莎罗奔、郎卡或狼卡，都可帮助读者了解金川土番之役在乾隆的心目中占有多大的比重！

另外一部分被俘虏的土番，则被分赏功臣，蓄为奴婢。奴隶社会在中国进入成熟的封建制度以后就已经灭亡了，但蓄养奴婢的制度却像膏药一样长期以来贴在封建社会的肌体上，成为封建制国家中长期残留的奴隶遗迹。我们还是举唐代材料为例：

以击吐谷浑功，赐李大亮奴婢一百五十口。以击高丽功，赐李道宗奴婢四十口。以击高丽功，赐薛仁贵奴婢十口。以平高昌功，赐姜行本奴婢七十口。①

满洲人在开国之初，进关之前也有将俘虏分赏勋戚充作奴婢的习惯。如《满文老档·太祖》卷6所载："天命三年（1618年）四月十五日，攻取明抚顺诸城堡，次日，即分Olji——俘获三十万。"②

说到这里，我们大致可以确信《红楼梦》第63回中所云"究竟贾府二宅皆有先人当年所获之囚，赐为奴隶，只不过令其饲养马匹，皆不堪大用"，不是凭空而来，而有其事实根据的。那么，回到芳官所说"咱家现有几家土番"一语，恐怕就是指当时分配到功臣勋旧府中的被俘的金川——土番降虏吧！这些，既是曹雪芹目击身经的事，也就成为他创作的材料了。于是《红楼梦》里也就出现了"土番"和"几家土番"！

（原载中国曹雪芹研究会编：《曹学论丛》，群众出版社，1986年。）

---

① 载《唐史研究论文集》，1983年。

② 周远廉：《清朝开国史研究》，辽宁人民出版社，1981年，第86页。

藏译本《大唐西域记》的翻译、译者和大乘上座部等几个问题述记

欣逢季羡林（希逋）先生九十华诞，衷心祝贺先生健康长寿，以此短文略表五十年来受先生教诲的谢意！

一

1989年秋冬两季，余应日本京都佛教大学之聘，在该校佛教文学系客座讲学期间，又应大谷大学之邀作一次学术演讲，介绍“中国藏学研究发展之概况”。承大谷大学佛学研究所负责人川崎先生厚意，赠我《大唐西域记》藏文译本之复印本。此册共151页，十分精美，清晰整洁，完整可读。

关于《大唐西域记》一书的重要意义，其在历史学、地理学、宗教学、社会学、语言学和中西交通史诸学科上的重要价值早有定论，毋庸多言。具有英、日、法、德诸多译本，也早为学术界所熟知。而且以季羡林先生为主编的一批国内顶尖学者组成专门班子，对该书进行大规模的整理、注释，完成了迄今为止的一大工程，更传为美谈。但该书的藏文译本，本应受到更多的关注，希逋师曾就书中“大乘上座部”一词垂询于区区：在藏

文本中是如何解释的？当时手中无书，只能就一条复印短件奉复，心中甚为悬念藏文译本全文的情况。西藏社会科学院的马久和阿才二位同志，曾发表他们的研究《〈大唐西域记〉藏译本校勘》,① 使我增加了不少知识，非常高兴。但马、阿二同志文中对译者问题没有解决，其写本又为166页，似与我手中的151页写本不同，借阅又很不方便，心中踌躇良久，难以如愿。今借此机会，将手头流传在日本的写本情况略加介绍，以供同好。

应该说明，蒙古藏学家比拉博士曾在1973年发表过Tibetan Translation of Hsuan-Tsang's Ta-tang-si-yu-ki Made by Gung Gom-bo-jab with the Foreward of Dr. Sh. Bira一文，不知他使用的哪一种写本。日本大谷大学名誉教授佐佐木教悟，曾在1953年发表过《〈西域记〉的藏语语译及其译者》一文,② 是第一位利用这一写本的学者。而且在写本前附有一册比勘表，使用方便。这里仅仅就写本的内容分别和译者情况作一简单介绍，深一层的研究尚待来日。

二

《大唐西域记》的藏文译本共151页，勒为10卷，与汉文本12卷相比，稍有不同，各卷分列如下：

第1卷：自第3页b.2起，至第18页b.2止（藏文本每页两面，正面为a，背面为b，每面7行）。内有34

① 载《世界宗教研究》1984年第3期。

② 载《印度学佛教学研究》第2卷第1号，1953年。

国：阿耆尼国、屈支国、跋禄迦国、笯赤建国、赭时国、㤄捍国、窣堵利瑟那国、飒秣建国、弭秣贺国、劫布呾那国、屈霜你伽国、喝捍国、捕喝国、伐地国、货利习弥伽国、羯霜那国、呾蜜国、赤鄂衍那国、忽露摩国、愉漫国、鞠和衍那国、镬沙国、珂咄罗国、拘迷陀国、缚伽浪国、纥露悉泯健国、忽懔国、缚喝国、锐秣陀国、胡实健国、呾剌健国、揭职国、梵衍那国、迦毕试国。

第2卷：自第18页b.2起，至第28页b.3止。内有3国：滥波国、那揭罗曷国、健陀逻国。

第3卷：自第28页b.3起，至第54页b.1止。内有23国：乌仗那国、钵露罗国、呾叉始罗国、僧诃补罗国、乌剌尸国、迦湿弥罗国、半笯蹉国、曷逻阇补罗国、磔迦国、至那仆底国、阇烂达罗国、屈露多国、设多图卢国、波里夜呾罗国、秣菟罗国、萨他泥湿伐罗国、窣禄勤那国、秣底补罗国、婆罗吸摩补罗国、东女国、瞿毗霜那国、垩醯掣呾罗国、毗罗删那国。

第4卷：自第54页b.1起，至第64页b.1止。内有7国：劫比他国、羯若鞠阇国、阿逾陀国、阿耶穆佉国、钵罗耶伽国、憍赏弥国、鞞索迦国。

第5卷：自第64页b.1起，至第81页b.4止。内有6国：室罗伐悉底国、劫比罗伐窣堵国、蓝摩国、拘尸那揭罗国、婆罗痆斯国、战主国。

第6卷：自第81页b.4起，至第101页b.4止。内有4国：吠舍厘国、弗栗恃国、尼婆罗国、摩揭陀国（上半）。

第7卷：自第101页b.4起，至第115页b.7止。内为摩揭陀国之下半部续编。

第8卷：自第115页b.7起，至第128页b.5止。内有16国：伊烂拿钵伐多国、瞻波国、羯朱嗢祇罗国、奔那伐弹那国、迦摩缕波国、三摩呾吒国、耽摩栗底国、羯罗拿苏伐剌那国、乌荼国、恭御陀国、棱羯伽国、憍萨罗国、案达罗国、驮那羯磔迦国、珠利耶国、达罗毗荼国。

第9卷：自第128页b.5起，至第141页a.6止。内有23国：僧伽罗国、恭建那补罗国、摩诃剌陀国、跋禄羯呫婆国、摩腊婆国、阿吒厘国、契吒国、伐腊毗国、阿难陀补罗国、苏剌侘国、瞿折罗国、邬阇衍那国、掷枳陀国、摩醯湿伐罗补罗国、信度国、茂罗三部卢国、钵伐多国、阿点婆翅罗国、狼揭罗国、波剌斯国、臂多势罗国、阿荼厘国、伐剌拿国。

第10卷：自第141页a.6起，至第151页b.3止。内有22国：漕矩吒国、弗栗恃萨傥那国、安呾罗缚国、阔悉多国、活国、瞢健国、阿利尼国、曷逻胡国、讫栗瑟摩国、钵利曷国、呬摩呾罗国、钵铎创那国、淫薄健国、屈浪拿国、达摩悉铁帝国、尸弃尼国、商弥国、朅盘陀国、乌铩国、佉沙国、斫句迦国、瞿萨旦那国。

再比较一下汉藏本之异同，有以下几点：（1）汉文本卷首本有秘书著作郎敬播的序文，其后又有尚书左仆射燕国公张说的序文；二序均未译成藏文。（2）卷2文前有关于印度（天竺）的总论及议论文字颇长，在藏文译文中也全部予以省略。汉文原意说："印度之境疆界具举，风壤之差大略斯在。同条共贯，粗陈梗概。异政殊俗，据国而叙。"藏文翻译者认为，既然是"据国而叙"，何必多此一举，显得重复、累赘，干脆省去不译。（3）

藏文译文前加一总说，提示翻译此书的缘起及重要性，言简意赅；在紧要处附上简短而明晰的脚注，使译文更加顺畅明了，都是译文可取之处。至于藏文译文中省略若干民俗、神话，大概也是译者认为删繁就简，旨在达意也。

三

《大唐西域记》的藏文译者为谁，过去有几种揣测，没有定论。据手头的写本（日本京都大谷大学藏本）而言，可以确信为乾隆年间蒙古族学者工布查布无疑。

该写本尾页（第 150 页 b）有如下题跋：

vdivi mjug tu/ thang gur gyi/ sde snod gsum pa/ lo chen theg chen lhavi/ rnam thar/ phyogs gcig tu/ bkod pa ni/ bdag gi rgya nag chos byung du/ lo chen devi rnam thar/ mdor bsdus bsgyur yod par don gyis thob pas/ yang bsgyur ma dgos so// sivi yus kyis zhes bya ba vdi/ rgya nag gi bstan vgyur du yod pa/ kung mgon po skyabs kyis/ bod skad du bsgyur ba/ bod skad kyi nyams ma thon pa dang/ yul gyi rgyal povi ming dang/ chu klung gyi ming dang/ ri bo sogs kyi ming/ phal che ba/ sam skri ta dang phal skad dang/ yul so sovi skad dang/ kla klovi skad sgos/ rgya nag gi yi ger/ zur chag tu yod par bod yig duvang de ltar bris vdug pa/ ji bzhin mi shes pas/ vchos ma nus shing/ rnam dbye nor ba dang/ tshig phrad nor ba/ bod nyams ma thon pa sogs/ rgya yig gi si yus kyis dang stugs te bsgyur bcos byed pa ni/ mchod rten dkar povi dgon gyi/ dza sag bla ma/ cha kan zhabs drung/ bskal bzang dge legs rgyal mtshan no//

汉译如下：

译文之末附有“［作者］《大唐三藏大译师大乘天本传》，在拙著《汉地佛教源流》一书中，已有大译师之传略专章，可以参阅了解，故于此阙译。”

《西域记》在汉文大藏经论著部中收录。公工布查布译为藏文，其中某些地方不合藏文习惯，且［西域］王国君主之尊号、山川地名、梵文、印度俗语方言、夷蛮土语等等，在汉文中均已约定俗成，藏文循例译出，未敢妄改。而藏文文法之误，遣词措语有不合藏文习惯者，乃取汉文本对照，略加改动而已。白塔寺札萨克喇嘛、察罕夏仲、噶桑格来坚参谨白。

按“大乘天”是印度人对玄奘法师的尊称。这位校订者是西藏人（或蒙古人而通藏、汉文者），对《大唐西域记》译者工布查布是十分尊重的，对文字“不敢妄改”和“略加改动而已”，态度诚恳而谦虚。他官拜白塔寺札萨克喇嘛，品级不低，依《藏汉大辞典》第 2332 页的解释：“札萨、札萨克：清代官名，义为总管。有备兵札萨克与旗札萨克。外有喇嘛为札萨克者管辖僧众。此官在原西藏地方政府为正三品。”而且充当察罕活佛的夏仲（近侍），在京城白塔寺即西四牌楼以西的妙应寺担任总管。白塔寺是元代以来归属藏传佛教的著名寺庙，在《蒙藏佛教史》第 7 篇 68—69 页有专章描写：元代依辽代旧址兴建白塔，尼泊尔工匠阿尼哥设计监造者。“制度之巧，古今无匹”，名为大圣寿万安寺，供奉帝后御容及旃檀佛像，屡经重修扩建。明天顺元年（1457 年）改称妙应寺。“成化朝，复于塔上环造铁灯 108 座，入夜燃之，金彩四射。”清代康熙、乾隆年间又经修缮，成为都城一大胜迹。这位噶桑格来坚参喇嘛有一定的水平，能在都城大寺掌印管僧。公务之余，居然校阅《大唐西域记》的藏文译文，使之贴近原文，流传人间，功不可没。

而译者工布查布更值得大书一笔：工布查布（mgon po skyabs）有“公”一级的爵位，蒙古乌朱穆沁部人。幼时承康熙帝鞠育之恩而为仪宾，因而与西藏喇嘛、信徒接触，精通西藏语言。雍正帝将他留在帝都，担任西番学总理。这是专门应对藏事的研究、教学和服务于帝王的机构。他直接与宫廷接触，经常担任翻译的任务，颇有名气。到乾隆年间，陆续译出并刊布其所译经典，其一为《造像度量经》。其在引言中云：

余先在恩师敕封弘教三藏广智法王宝榻前亲受《密集》曼［达］那罗尺寸时，并得佛像及塔之尺寸，附安藏法要集偈番本。虽未能熟习，亦自知珍惜之，盖慎藏而弗失者有年矣！……近陕西洮州敕赐禅定寺崇梵静觉国师喇嘛来朝，晤于公署，……国师赠经之模本并图像五篇，俱择日而程其功，……仰赖佛力，已获垂成。凡我同好，永远供为资粮矣！因仿番王佛陀阿布提所作尼明传略引，而书于经首。时乾隆七年佛从忉利天还日，依番［历］九月二十二［日］，番学总管漠北工布札布谨识。

在乾隆八年（1743 年）又译出《弥勒菩萨发愿王

偈》。另有《药师七佛供养仪轨如意王经》，不知何年译出，其卷首云：

大清册封西天大善自在佛领天下释教普智持金刚达赖喇嘛造；

内阁掌译西番蒙古诸文、番学总管仪宾工布查布旧译，崇梵静觉国师琢样珞瓒校对；

传贤首宗讲经论沙门、京都静默寺主持僧海宽润色；

内廷经咒馆行走、梵香寺大喇嘛巴尔藏嘉磋补译；

显亲王府润色校勘。

此外，传世的《汉地佛教史》一书，是工布查布的专门著述，更受人们重视。如今，通过《大唐西域记》这一重要译作，使我们对这位促进汉藏文化交流的资深学者深为崇敬。作为蒙古族人，受满族领袖人物的嘱托，沟通汉藏文化，增进人民情谊，厥功至伟。在今天，我们不由得记起1400年前的玄奘法师的事迹在藏族人民间得以传颂，他的精神得以弘扬，而工布查布的孜孜不倦的敬业美德更是我们后生小子学习的榜样。

四

季羡林先生在《关于大乘上座部的问题》一文中写道：

玄奘在《大唐西域记》中有五个地方提到“大乘上座部”。大乘本无所谓“上座部”和“大众部”之分。

因此就给各国研究《大唐西域记》的学者带来了问题和困难。一百多年来，欧洲和日本的学者议论纷纭，然而始终没有准确地解决这个问题。①

季先生把《大唐西域记》中提到的5处“大乘上座部”一一划出，让大家注意这个矛盾。现在依照季先生所提示的5处，把藏译本中相应的地方找了出来，对应着藏汉两种文字，来看看藏文本中是如何对待这个矛盾，解决该矛盾的。

1. 摩揭陀国

“僧徒减千人，习学大乘上座部法。”

藏文101页b：

der gnas pavi dge vdun chig stong lhag tsam thams cad gnas brten sde pa theg chen spyod pa kho navo/

译文：彼处住生僧侣千余人，均为上座部专一奉行大乘教法者也。

2. 棱羯伽国

译文：“少信正法，多遵外道。伽蓝十余所，僧徒五百余人，习学大乘上座部法。”

藏文123页a：

nang pa la mos pa nyin skar tsam dang phal cher phyi rol pa kho na la brten no/ gtsug lag khang bcu lhag tsam la dge vdun lnga brgya lhag gnas brten sde pa theg chen pa sha stag go/

译文：信仰内教的寥若晨星，大都信奉外道。伽蓝

① 收在《季羡林学术论著自选集》，北京师范学院出版社，1991年。

十余所，僧徒五百余，均为上座部大乘教徒也。

3. 僧伽罗国

“伽蓝数百所，僧徒二万余人，遵行大乘上座部法。”

藏文130页b：

yul na yin cing rgyal pa a sho kavi nu bo dbang ches lhag par mdzad do/ gtsug la khang chig brgya tsam la dge vdun gnyis khri lhag tshogs shing theg chen pa sde pa gnas brten pavo/

译文：此处人众当时惟宗淫祀，崇奉天祠，无忧王弟摩醯因陀罗尤殊崇奉。伽蓝百余所，聚僧徒二万余众，大乘教徒上座部众也。

4. 跋禄羯呫婆国

“伽蓝十余所，僧徒三万余人，习学大乘上座部法。”

藏文134页b：

gtsug lag khang bcu la dge vdun sum brgya lhag theg chen spyod pa gnas brtan sde pavo/

译文：伽蓝十所，僧徒三万余人，为行大乘教法之上座部众也。

5. 苏剌侘国

“伽蓝五十余所，僧徒三千余人，多学大乘上座部法。”

藏文137页a：

gtsug lag khang lnga bcu lhag par dge vdun sum stong lhag pa theg chen spyod cing sde pa gnas brten pavo/

译文：伽蓝五十余所，僧徒三千余人，为行大乘教法上座部众也。

从以上五处的藏文译文来看，分为（1）上座部奉行大乘教法者，（2）上座部大乘教徒，（3）大乘教徒上座部众三类。究文字实义来讲，都是上座部教徒，而又奉大乘教法者，意思是一样的。看来，藏文译者对于这一点是毫不怀疑的，就像季先生在文中引用的威利·布散（Vallée Poussin，1869—1937）的话："这指的是遵守小乘上座部的律而又采用大乘某些教义的寺庙。"也就是说，就大乘上座部的僧团而言，他们执行的律仍然是上座部的律，他们的法统仍然是上座部的法统，但同时他们又接受了大乘的学说，可能这就是玄奘法师在《大唐西域记》中称之为"大乘上座部"的原因。藏族学者多罗那它（Tāranātha，1575—1634 年）在其所著《印度佛教史》第 42 章中，总结性地说："先前只有声闻（小乘）教法弘传时，他们肯定有不同的宗派。大乘兴起以后，大乘的所有僧众虽然也属于这些部派之中，但是由于他们奉持大乘教法，所以不受原先各自所属宗派的影响。……无论奉持大小乘各种宗派的，在戒律行持与实践方面都互不混淆，因此，应当懂得四部的区分也是因戒行的差别而产生的。"① 王邦维先生在《南海寄归内法传校注》中引用了这一段话的藏文原文，并表明"这就是我所想要说的观点"！② 季羡林先生在文中也肯定地指出："在佛教史上，大乘和小乘的形成与部派的形成完完全全

① 《印度佛教史》（rgya gar chos vbyung，1608 年成书），张建木译，四川民族出版社，1988 年，第 264 页。

② ［唐］义净：《南海寄归内法传》，王邦维校注，中华书局，1995 年，第 88 页。

是两回事。部派最初形成时，主要分歧是在律的方面。在以后的发展中，逐渐产生了教义方面的分歧。”①

谈到此处，我们是否可以这样来看：本来按佛教发展的历史，声闻乘（小乘）在佛入灭后百年，由于对戒律的认识不同，分裂为大众、上座二部。后又继续分出18部或20部。影响最大而且为僧众多数认可的有4部，就是：上座部、大众部、说一切有部和正量部。迨大乘兴起，那是信仰和教法理念上的问题，最初并不涉及部派。后来，佛教的宗教教义和哲学得到了大发展，异说纷纭，出现了大量的“阿毗达摩”之类的著作，部派也就参合了信仰和理念。王邦维在《南海寄归内法传校注》中，有一个比较平实的概括：“毗舍离结集以后，佛教分裂为上座、大众两大部派，在这以后的几百年里。上座、大众二部又继续发生所谓分十八部、二十部或更多部。……我们这里关心的是导致部派分裂的最初根本的原因。应该说，这个原因就在于律的分歧。”② 我们再回到义净以最简单的划分来区别大小乘的观点，他说：“若礼菩萨，读大乘经，名之为大。不行其律，名之为小。”③

（原载乐黛云编：《季羡林与二十世纪中国学术——纪念季羡林教授九十寿辰》，北京大学出版社，2001年。）

---

① 收在《季羡林学术论著自选集》，北京师范学院出版社，1991年。

② ［唐］义净：《南海寄归内法传》，王邦维校注，中华书局，1995年，第88页。

③ ［唐］义净：《南海寄归内法传》卷1，金陵刻经处藏版，支那内学院印本。

千江映月　同是一月

——《解深密经疏》遗事掇琐

一代宗师陈寅恪先生（1890—1969 年）平生“未尝侮食自矜，曲学阿世”①，高风亮节，为世人共仰。其所撰文章每多以小见大，通过精审绵密之考证，作思想哲学上之剖析，深究社会之背景，政治之变迁，经济之动态，文化之差别，一字之微常发千年之覆。

盖因先生生逢乱世，目睹列强环伺，谋我边疆，国事日非，边患日急，乃亟思有以启迪国人，敌忾同仇。遂锐意精研边疆民族及中亚史地。曾云：“默察当今大势，吾国将来必循汉唐之轨辙，倾其全力，经营西北，则可以无疑。”② 远识过人，慧眼如炬。并坚定相信“考自古世局之转移，往往起于前人一时学术趋向之细微，迨至后来，遂若惊雷破柱、怒涛振海之不可御遏”③。这种坚毅卓绝的精神实在是吾国知识分子最为崇高的忧患

① 《赠蒋秉南序》，载《寒柳堂集》第 162 页。据《编年事辑》系壬辰（1964 年）作。

② 《朱延丰突厥通考序》，载《寒柳堂集》第 144 页。据《编年事辑》系甲午（1942 年）在桂林时作。

③ 《朱延丰突厥通考序》，载《寒柳堂集》第 144 页。据《编年事辑》系甲午（1942 年）在桂林时作。

意识，“先天下之忧而忧”，“天下兴亡、匹夫有责”，悲悯、壮烈情怀，溢于言表，曾有诗咏史：

唐碑墨本手摩挲，回忆当年感慨多。
逻逊娑不烦飞驿鸟，和林还别贡峰驼。
赐秦鹑首天仍醉，受虏狼头世敢诃。
自古长安如弈戏，收枰一著奈君何。

题作：“昔居北平清华园，尝取唐代突厥、回纥、吐蕃石刻补正史事，今时议感赋。”① 时在乙酉（1945 年）。吴雨僧（宓）先生为寅恪先生知友，对“感时”一事有注，云：“时宋子文与苏俄订约，从罗斯福总统雅尔达秘议，以中国东北实际割让与苏俄，日去俄来，往复循环，东北终非我有，此诗及前后相关数诗，皆咏其事而深伤之也。”② 对故国河山深情眷恋。先生多次运用史料证吐蕃史事。庚寅（1950 年）作《元白诗笺证稿》中《缚戎人》《城盐州》即其著名篇作。远在庚午至辛未（1930—1931 年）发表的传世大作“蒙古源流研究”之系列论文，厥为吾国治蒙藏史地之典范。

此事绝非偶然，远在 1923 年，先生游学德国时，即有志于董理藏学（Tibetology 或 Tibetan studies）曾云：

我今学藏文甚有兴趣，因藏文与中文系同一系文字，

---

① 《寅恪先生诗存》，《寒柳堂集》。

② 《编年事辑》第 126 页。注在“玄菟”诗下，但所及者实乙酉年作相关数诗。

如梵文之与希腊、拉丁及美俄德法等之同属一系。以此之故，音韵训诂上，大有发明。因藏文数千年用梵音字母拼写，其变迁源流，较中文为明显。如以西洋语言科学之法，为中藏文比较之学，则成效当较乾嘉诸老，更上一层。然此非我所注意也。我所注意者有二：一，历史（唐史、西夏）。西藏即吐蕃藏文之关系自不待言。一，佛教。大乘经典印度极少，新疆出土者亦零碎。及小乘律之类，与佛教史有关者，多中国所译，又颇难解。我偶取《金刚经》对勘一过，其注解自晋唐起至俞曲园止，其间数十百家，误解不知其数。我以为除印度、西域外国人外，中国人则晋朝、唐朝和尚能通梵文，当能得正确之解，其余望文生义，不足道也。①

这一封信十分重要，可以说是寅恪先生关注藏学——以语言学功力求宗教、历史研究的鹄的之早期论述。汪荣祖把这封信看做“寅恪一生治学的纲要”。② 这话是十分准确的。事实上，寅恪先生在欧美游学期间，长达十年，只求学问，不求学位。以绝大部分精力精研多种语文，而藏文则是他最为注意的文字，汪荣祖慨叹“寅恪彻究语言文字，旨在打好做学问的基础”。③ 学术界公认寅恪先生“深受德国历史语文学派影响，毕生重视语

---

① 《与妹书》，原载《学衡》第 20 期，1923 年。收入《陈寅恪先生论文集》（台湾）下册。今据汪荣祖《史家陈寅恪传》第 52 页转录。

② 汪荣祖：《史家陈寅恪传》，台湾联经出版事业公司，1984 年，第 53 页。

③ 汪荣祖：《史家陈寅恪传》，台湾联经出版事业公司，1984 年，第 54 页。

文史料，并且进而从史实中求史识”。①

下面，我们来看看寅恪先生利用藏文佛经所做的一项重大贡献。时在1927年，寅恪先生发表了《大乘稻芊经随听疏跋》一文，以藏文史料考证出一系列问题：首先论证法成“其人为吐蕃沙门，生当唐文宗太和之世，译经于沙州、甘州”。② 其次，又列举出法成译著之经论，诸如敦煌本《大乘稻芊经随听疏》《般若波罗蜜多心经》《诸星母陀罗尼经》《瑜伽论附分门记》《萨婆多宗五事论》《释迦如来像法灭尽之记》《观如来无染著功德赞》等。此外，见于藏文大藏经中，则有《善恶因果经》《义净译金光明最胜王经》之重译本，有关《观音菩萨神咒》三种（柏林图书馆所藏西藏文正藏目录第123页第5号，第124页第1号及第5号等）。③ 再次，与本文有直接关系者，乃是寅恪先生说：“予又检阅北京本西藏文续藏满

① 《冯友兰中国哲学史上册审查报告》，载《金明馆丛稿二编》第48页。汪荣祖注意及此，亦有论及，见汪荣祖：《史家陈寅恪传》，台湾联经出版事业公司，1984年，第56页。

② 文载《金明馆丛稿二编》第254页。而法成之身世、事迹颇引起注意和争论；日本龙谷大学教授上山大峻以《大蕃国大德三藏法师法成及其事迹》一文论述法成为汉僧，即敦煌蕃占时期著名的僧统吴和尚。论文原刊于日本京都大学《东方学报》第38、39期，1967—1968年。收入该氏专著《敦煌佛教研究》1990年，法藏馆出版。旅法华裔学者吴其昱教授撰述《大蕃国大德三藏法师法成传考》，载《讲座敦煌7：敦煌与中国佛教》（由福井文雅、樋口胜译为日文），东京：大东出版社，1984年。吴氏论证法成为西藏僧人，在沙州、甘州一线译经、宏法大德，与吴和尚并非一人。笔者曾于1980年7月，在《文物》杂志发表了《藏族翻译家管·法成对民族文化交流的贡献》一文，介绍法成的事迹和家族历史。吴其昱与笔者均服膺陈寅恪先生的论断——即法成法师乃吐蕃之大德也。请读者检阅上述资料、研究。

③ 《金明馆丛稿二编》，第254页。

蒙汉藏四体目录，见第四十一函契经解中，有经部《深微宗旨确释广大疏》一种，震旦律师温则个撰，答哩麻悉谛译。”紧接着，做出正确的判断说：“答哩麻悉谛之名本自蒙古文音译而来，盖蒙文目录，此疏译文之名，依据梵文作 Dharma-sidhi 即藏文 Chos-grub，中文‘法成’之意译。温则个者，圆测二字之讹译，是书实系玄奘弟子圆测《解深密经疏》之藏文译本。”下面，寅恪先生颇带感情而充满希望地说：“西明疏为法相宗宝笈，中文原本今已残阙。若自藏文译补。俾千年古籍，复成完书，亦快事也。”①

寅恪先生此文章发表后 50 年，我国佛学界终于完满地了却他的心愿，中国佛教协会印行《解深密经疏》，系今人观空法师据藏文本还译，卒使圆测之疏得以补成足本，真正是“千年古籍，复成完书”。既是一大快事，也是一人盛事。中国佛教协会会长赵朴初居士乃为佛教界这一千古胜缘，足本《解深密经·圆测疏》作一极为周详宏瞻的长序，序曰：

《解深密经》（Samdhinirmocana Sutra），自刘宋求那跋陀罗刱翻，中经元魏菩提留支、陈真谛两家，至唐玄奘法师，凡有四译。其中宋、陈两译，仅节取全经少分。魏、唐二本，为全译而品目开合略别。此经境、行、果三，赅摄无余。陀那深细，明身心之一如；如来成事，显佛地之业用；判三时之浅深，畅一乘之宗极，阐止观于瑜伽，辨了义于三性。理事悉备，要言不烦。诚大乘

① 《金明馆丛稿二编》，第 245、254 页。

之纲领，法相之钤键也。昔玄奘法师于中印度那烂陀寺，听戒贤法师为讲《瑜伽论》三遍。而此经除序品外，全文收入《瑜伽论》（第75—78卷）。故奘师于此经，可云尽得戒贤之心传。及其周游西宇，学满还唐，所出经论，随翻随讲，弟子录记，多数口义。奘门多贤，测、基称首。圆测法师（613—696年）者，以新罗之王孙，为释迦之法嗣。三龄入道，餐胜义于孩提；十五受业，扬德辉于邦域。乃以志切弘通，振锡而来，游方参学，声闻日远。贞观之末，慈恩东返，长安一遇，宛若旧知。由是瑜伽唯识，泻瓶无隐，终始译业，倚畀良殷。测师奉侍无违，咨承无厌，竺贤深义，所得独多。所作《解深密经疏》十卷（金陵刻经处本合有40卷），广征教典，备存师说，持论精审，为世宝重。时令因、玄范、憬兴、元晓各家，并有疏记，遭会昌法难，散佚无存。独测师此《疏》以东邦学僧赍持还国，累业传习，赖以不坠。清末石埭杨仁山居士，曾自扶桑取回刊印，流布海内。慧炬掩千祀而复明，绝学涉万涛而还续。法相重兴，功德不朽。惜原本以代祀绵远，致有残缺，其中九卷（金陵刻经处刻本，当第27卷）失品题之释，十卷（金陵刻经处刻本，当第35—40卷）成无字之章。德海汪洋，怅失舟楫，欲渡无航，学者憾焉。然西藏《丹珠藏》中，译存此疏全文。译者法成法师，晚唐西蕃大德也。法师出生廓（vgos）氏望族，为西藏佛教前弘期著名译师，精娴梵、藏、汉土文字。约于唐大和七年（833年）来游沙州，尔后往返甘、沙两地，译经说法，垂三十年（约833—859年）。由敦煌遗书中尚可考见，其由汉译藏者有十余部，由藏译汉者数部，经论讲疏若干部，皆为三藏要籍。所有译文，今以传本对勘，见其译义精当，属词雅训，诚译事之上乘也。至其讲疏《瑜伽》大论，更能校汉、藏两译之异同，探弥勒、无著之深意。显微阐幽，开比较研究之径蹊；正言断词，导科学治经之先路。稽之往史，洵属难能。测《疏》得其译存，全文得以不泯，谓非千古之幸事耶？自四害消除，华夏重光，党之宗教政策复暖人心，佛教学人竟欲竭智尽力，增辉四化。有观空法师，幼禀道心，长怀卓志。仰奘师之景行，慕成公之高风。蜀道崎岖，不懈探骊之愿；雪岭巍峨，终获象罔之珠。住藏三十载，闻修并勤。言返首都，译述不倦。测《疏》残佚，每怀痛惜。誓译藏本，用补阙文。黾勉二载，功业毕具。杀青甫就，征序于余。余惟深密法门，传于弥勒，授予戒贤，译于玄奘，述于圆测，宝藏于东瀛，译存于西藏。上下千百年，广员数万里。合印、汉、藏、朝、日无数大德之力，辗转授受，始得幸存天壤。今者金瓯复完，观师之功居首。远绍古德之殷勤，近慰时贤之渴望。合浦珠还，喜法宝之重归；连城璧返，庆研几之有据。岂仅佛教不思议之胜缘，抑亦竺、汉、藏、朝、日文化交流史之一胜事也。余故乐而为之序。虽然，犹有进者。汉本测《疏》传世既久，辗转移录，难免鱼鲁之讹。成公译本，距测师不过百余年，去古未远，所据原文，必更近真。若能对勘汉藏全《疏》异同，录为校记，以饷学人，则功德更为圆满矣。此一事也。又闻《丹珠藏》中，尚有无著菩萨所作《解深密经释》，文约义丰，为斯宗要典。译而出之，与此疏相辅而行，则更如画龙点睛矣。此又一事也。质之高贤，

以为何如？是为序。　　佛历二五二四年初冬　赵朴初①

掇　琐

一

《解深密经》，5 卷，唐玄奘于贞观二十一年（647 年）在长安弘福寺译出，共分八品。藏文本题名 vphags pa dgongs pa nges par vgrel pa shes bya ba theg pa chen povi mdo，可译为“解深圣密意大乘经”，收在《甘珠尔》众经部。据德格版目录编号为 106。何人所译，失载。本经解释大乘境、行、果的深义，全经八品提要如下：

一、序品：叙述佛陀的殊胜功德和所展净土之庄严，以及所有能解深义、密义的无量菩萨声闻大众。

二、胜义谛相品：说胜义谛相离言离分别，超越一切寻思与一切法，非一非异，而遍在一切法中，平等一味，即离言法性，亦即诸法实相。

三、心意相识品：就世俗谛叙述八识（心意识）的体相，说明阿赖耶识生灭相续，是生死根源，以及它的各种名称及其差别，乃至眼、耳、鼻、舌、身、意六识生起等相。

四、一切法相品：总括一切诸法的体相为遍计所执、依他起、圆成实三种性相，以说明一切染净的法相。

---

① 中国佛教协会刊行《解深密经疏》。

五、无自性相品：明一切诸法皆无自性，即依三种自性立三无性。其中遍计所执性相是假名安立，即相无性。依他起相是依众缘所生，即生无性。圆成实相是一切法的胜义谛，为一切法无我性所显，即是胜义无性。由此和会一乘、五性之说，谓声闻，独觉，菩萨三乘有情，都由此无自性性一妙清净道，证得无上涅槃，由此密意说：惟有一乘，但其中也有钝根、中根、利根等种性的差别。因此，世尊说法，有三时不同，初时只为发趣声闻乘人，用四谛相转正法轮，是未了义；在第二时中为发趣修大乘人，依一切法皆无自性，用隐密相转正法轮，仍是未了义；在今第三时中普遍为发趣一切乘人，依一切法皆无自性；用显了相转正法轮，是真了义。

六、分别瑜伽品：说明修瑜伽行中奢摩他（止）毗舍那（观）的义相，显示唯识止观的妙行证明诸法唯识所变，而分别其定慧行相。

七、地波罗蜜多品：叙说菩萨十地乃至第十一佛地的名义，及菩萨所应学事有布施、持戒、忍辱、精进、静虑、智慧（般若）六波罗蜜，而以智慧波罗蜜为能取诸法无自性性等义。

八、如来所作事品：叙说如来法身及化身的圆满功德，以明此如来成所作事了义之教。①

由以上内容提要可知，《解深密经》是慈恩宗唯识法相学说所依据的重要经典，受到重视。《瑜伽师地论》中，将本经的正宗七品整篇引用。为《成唯识论》一再

① 以上八品提挈，悉依黄忏华：《解深密经》，载《中国佛教》（三），第72—73页。

引用此经，并依无自性相品分判释迦如来一代教法为有、空、中道三时教，并指认本经诸品是唯识说的根本教义。因而注疏者蜂起：有道伦《解深密经注》五卷，令因《疏》十卷，玄范《疏》十卷、元晓《疏》三卷，憬兴《疏》若干卷，均已佚失。惟有圆测此疏幸存天地之间，可谓殊胜因缘也。

二

圆测，名文雅，是玄奘法师的著名弟子之一。出身于新罗王室，为该国王孙，三岁出家。唐初来中国，十五岁受学于法常（567—645 年）和僧辩（568—642 年）。受戒后，住长安玄法寺，钻研《毗昙》《成实》《俱舍》《婆沙》等论及其注疏。当时以其所学，已负盛名。公元645 年玄奘回到长安，测礼敬奘师，从之受学。显庆三年（658 年），玄奘移居新建的西明寺，同时敕选名僧五十人同住，圆测亦预其中。在玄奘门下，与慈恩寺的窥基并驾齐驱，不相上下。公元 664 年，玄奘去世，圆测在西明寺继承奘师弘传唯识教义，后人乃称之为西明法师（见宋复撰：《大周西明寺故大德圆测法师舍利塔铭序》）。《解深密经疏》，大约就是此时写成。地婆诃罗于仪凤初至垂拱末（675—687 年）于西京东西太原寺及西京弘福寺译《大乘显识论》等十八部经论，敕召名僧十人襄助，圆测是十人之一，充当证义。证圣元年（695 年）实叉难陀在洛阳大内大遍空寺重译《华严经》，圆测应召前往协助讲译。未完，即于万岁通天元年（696 年）七月二十二日在洛阳佛授记寺去世。在龙门香山寺北谷荼毗、起塔，遗骨分葬于终南山丰德寺、同州龙兴寺和长安兴教寺。

圆测所著《解深密经疏》四十卷，为其传世仅存的主要著作。书中引及《大般若经》，可能是在玄奘去世后写成的。又引及玄奘所译的许多论典，如《瑜伽》《唯识》《杂集》《俱舍》《婆沙》，并引及真谛所译《决定藏论》《三无性论》《摄大乘论释》《般若疏》《金光明记》《解节经记》。在圆测论著中，将玄奘与真谛并称三藏，等量齐观，并无门户之见。以新罗学僧，远游中国，能在法常、僧辩、玄奘诸大师门下，苦心精研佛理，卓然自成一家，令人钦仰。至于其所著《解深密经疏》，在汉地、藏区传播，又远传东瀛，成一代佳话，亦非偶然也。①

三

寅恪先生既考出《解深密经疏》之作者为圆测，藏文译者为法成法师，且寄予无限期望："西明疏为法相宗宝笈，中文原本今已残阙，若自藏文译补，俾千年古籍，复成完书，亦快事也。"在同一文中，慨叹："昔玄奘为西土诸像译中文《大乘起信论》为梵文。道宣记述其事，赞之曰：'法化之缘，东西互举'。大成公之于吐蕃，亦犹慈恩之于震旦；今天下莫不知有玄奘，法成则名字湮没者且千载。迄至今日，钩索故籍，仅乃得之。同为沟通东西学术，一代文化所论命之人，而其后世声闻之显

① 隆莲法师：《圆测》，载《中国佛教》（三），第141—144页。

晦，殊异若此，殆有幸有不幸欤?”接着，又直抒胸臆：“读法成《随听疏》意，为考其著述概略，并举南山律师之语，持较慈恩，以见其不幸焉。”①

笔者追蹑前贤之芳踪，从藏义一侧，搜寻访录，草成《吐蕃译师管·法成身世事迹考》一文，② 大致可以相信以下的史实：

法成（chos grub）出身于吐蕃贵姓管（vgos，又作 mgos 两字同音）氏家族。这一家族在吐蕃地方政权里，有过一些声势煊赫的人物。在《敦煌本吐蕃历史文书》中，亦列为吐蕃赞普勋臣。这一家族食邑领地，在后藏茹拉下部（ru lag smad）改札木东岱，历史文书称作“改札木乃管氏东岱也”（gad bkram vgos kyi stong sde yin）。管氏家族在叶茹（g·yas ru）还统领着另一东岱，历史文书曾称作“叶若卜卓木顶乃管氏东岱也”（yel rab brom steng vgos kyi stong sde yin）。③ 总之，吐蕃王国六十一东岱里，管氏家族就占了两个。以后这一家族，又出了几位鼎鼎有名的学者，管·库巴拉则和管洛·薰奴贝二人，是最著名的译师和弘法大师。据笔者在后藏扎什伦布寺调查，据信管·法成原籍后藏达那地方金谢村人，现属于日喀则地区谢通门县仁钦孜区。看来，就是叶茹范围之内叶若卜卓木顶东岱所在地。

法成出家以后，辗转到了沙州（敦煌）。整个河西走廊和安西四镇被吐蕃人完全控制以后，沙州已成为当时

---

① 《金明馆丛稿二编》，第 245、254 页。

② 拙著：《西藏文史考信集》，中国藏学出版社，1994 年。

③ 《大臣遗教》，第 8 页。

唐、蕃、回鹘和西域乃至中亚的交通要冲，经济文化十分繁荣。不少吐蕃军旅及其家属，在瓜、沙、河、湟一线定居，跟当地原有的唐人、吐谷浑人、回鹘人、党项人等等，在同一块土地上生息，共同生活。一批佛教学者，也就自然地到当时佛教文化中心之一的沙州来开展宗教活动。法成可能就在那时那样的背景下来到沙州，开始了他辉煌的宗教生涯。可以想象，他在敦煌学习汉语文、熟悉汉文佛典的过程中，付出了不少的辛勤劳动。松巴堪布益西班觉所著《如意宝树史》的大译师名单中，在无分别之后，噶、交、尚三大译师之前，即是管·法成，序列第三十四位。根据敦煌文书题记所知，法成先在沙州永康寺译经，后来又到了甘州修多寺译经，最后又回到沙州，住在开元寺，开讲经论。直到 860 年，方没有见到他的活动的踪影（P. 4587 号敦煌写卷《诸星母陀罗尼经》题记：壬戌年四月十六日于甘州修多寺翻译此经，大中十一年阳英德书记）。

《解深密经疏》藏文译本在《丹珠尔》北京版方册本第 106 页起刊载，题名为 vphags pa dgongs pa zab mo nges par vgrel pavi mdo rgya cher vgrel pa rgyavi slob dpon wen chig gis mdzad pa（圣解深密经大疏，汉大论师圆测造），尾题 dpal lha btsan povi bkav lung gis zhu chen gyi lo tsav ba dge slong vgos chos grub kyis rgyavi dpe las bsgyur cing zhus te gtan la phab pa（奉吉祥天赞普之诏命，大校审翻译师、比丘管·法成据汉本译出并校审勘定）。另在德格版《丹珠尔》经疏部内第 4016 号收入此《疏》，标明圆测造、管·法成译自汉文。

四

观空法师（1902—1989 年），原籍湖南耒阳，俗家廖姓。1902 年农历十月初五日出生。1919 年于湖南衡阳西禅寺智立长老座下披剃出家，法名观空。同年，在南岳上封受戒近圆。1922 年入太虚大师创办之武昌佛学院学习。此前，与严定法师等同入长沙讲习所，随侍空也法师听讲、学习。迨空也法师受武昌佛学院之聘，乃携长沙讲习所学僧，同入武院。在武昌佛学院期间，品学兼优，为太虚大师得法弟子，曾撰有《百论之一切善法戒为根本义》《定命论之批评》等论文。

1924 年武昌佛学院毕业，留校作为研究员，继续深造。1925 年奉太虚大师之命，参加大勇法师领导的入藏求法团。先至康区学经十余载，显密兼通，精进不懈。1936 年由西康东返，来北京，在法源寺佛学院主持教务工作，并讲授《菩提道次第修法》及《菩提道次第论》。不久，重返西康，在康定准备再度进藏学法。1939 年，安钦呼图克图在北京菩提学舍传授藏密，观空法师应邀来京襄助译述。计有《阿弥陀佛简修仪轨》《佛顶尊胜佛母念诵略轨》《药师王修法满愿宗藏》《麻底宗白文殊修习仪轨》《金刚萨埵简修仪轨》《六臂麻哈噶拉念诵略轨》《金刚怖畏简修仪轨》《十一面大悲观自在修习略轨》《佛海大悲观自在修习仪轨悉地宝藏宣演疏》《大乘长净仪轨》《往生略轨》《往生略轨释》等十多部密典。其译品字斟句酌，通俗流畅，利益信众，功德无量。当年，因缘具足，法师乃经天津、香港、印度进入西藏，多年心愿，乃得顺遂，入扎什伦布寺，追随颇章喀大师潜心修习显密教法，后至拉萨一住十八载，前后在藏区共三十余载。

直至 1957 年遄返北京，在中国佛学院任教，并将《中观文句释》《四百论释》《六十正理论释》三书译为汉文，撰写《西藏格鲁派概观》《中观宗二谛略义》《中观略义》等专题论文，嘉惠士林。最令人钦佩者，仍为从藏文《丹珠尔》藏中抉出《解深密经疏》后六卷，还译为汉文，乃使千年古籍，得以复原全貌，传为佛学界令人欣喜的嘉话。1989 年 7 月 5 日，在福建莆田广化寺圆寂，世寿八十有七，僧腊六十有九（此据吕铁钢文摘录）。一代译师，飘然远去。其译、著事业遗爱人间，永垂不朽。

（原载韩金科主编：《98 法门寺唐文化国际学术讨论会论文集》，陕西人民出版社，2000 年。）

汉经融藏典　教理叩禅关

——颂太虚大师创办汉藏教理院的伟大贡献

前　记

回忆1954年，参与藏文翻译工作时，随侍先师贡噶上师左右，得以亲近法尊法师。他的作品我早已拜读了，真是心仪已久，无缘识荆。这一次因缘和合，能跟他在一起参与五大文件的藏文本翻译工作，是学习的极好机会，心中十分兴奋。由于这一次的机缘，后来得以到菩提学会去邀请尊公来中央民族学院藏文研究班讲学。他讲授“西藏佛教史”一课，我是随学员听讲，做一点辅导工作，如沐春风，得益匪浅。① 从这里开始知道了汉藏教理院的成就。其后，在中国佛教协会又见到了观空法师②，也请他到民院任教讲课。他讲的宗喀巴大师的缘起性空理论，真是十分圆熟，深受欢迎。这又是一位与汉

① 法尊法师的讲稿，后来发表在《中国佛教》第1辑，中国佛教协会编，知识出版社，1981年。

② 观空法师（？—1989），在西藏哲蚌寺果莽扎仓修学多年，后在汉藏教理院任教，担任“藏文”及“西藏佛教格鲁派教理”课程。晚年完成《解深密经疏》（圆测造，法成藏译）自藏文还译为汉、补足汉本的盛事，深受赵朴初居士的赞扬。

藏教理院关系颇深的和尚。再后又结识了正果法师,[①] 再加上在中央民族学院同事的善化先生,[②] 这几位都是与汉藏教理院有过殊胜因缘的人。

尊公、空公在汉藏教理院授课传业，尊公还长期担任代理院长。正果、善化都是汉藏教理院的高材。我就从他们那里陆续聆听到汉藏教理院的不少掌故轶闻、教学趣事和师生中的往事，深深感到这所学院实在是中国藏学史上重要的一页，不可磨灭。虽然是往事如烟，但水流石在，历史是不容湮没的。惟苦于所知不多，每多阙略，常想再就有关问题向以上各位请教。不意尊公、正果、空公先后往生，欲问无门，心中每感怅惘若失。正巧，在中国佛教图文馆中任职的吕铁钢先生跟我学点藏文，他为我借到馆藏的非卖品、惟贤法师著述的《汉藏教理院与太虚大师》一文,[③] 正是“踏破铁鞋无觅处”。读了他的著述，返回去追忆尊公、空公和正果法师

---

① 正果法师（？—1987），汉藏教理院毕业，留院任教并担任教务主任。后到北京广济寺，担任中国佛教协会副会长，北京市佛教协会会长，中国佛学院教务长、副院长，著有《禅门大意》《净土诀述要》等。

② 善化法师，汉藏教理院毕业后，选送西藏色拉寺修学，后到北京中央民族学院图书馆主管藏文典籍文献。俗家姓钟，今称为钟善化，常住北京。

③ 释惟贤：《汉藏教理院与太虚大师》，赵朴初居士题签，重庆市佛教协会印行，1988 年 10 月（非卖品）。惟贤法师 1936—1941 年在汉藏教理院普通科和专修科毕业。后在开县大觉佛学院任教，并任副院长。1949 年后，担任重庆佛协秘书长、副会长。求学时，曾受到太虚大师赞语：“你聪明，要努力深造。”并由太虚大师嘉许，亲笔致函：“惟贤慧鉴：阅来函，欣悉能与云松法师在下川东兴建法幢，精进不已。所询余意能觅一山地，或一县官绅护法之处，集全县寺产整理之，循序渐进，以办余讲之菩萨学处。今各处暂作零星敷衍，故无大成效耳，勿忘自深造于学，并修养于德，以待机缘。”信写于 1943 年之中，可见太虚大师对其期望甚殷。

的口述，甚感亲切，心中频频升起无限的怀念。

今天（1989 年），各位法师、居士、道友和学者们，响应霍韬晦居士和法住文化学院的倡导，在这里纪念太虚大师诞辰 100 周年，为了彰显太虚大师的宏广胸怀，继承他的悲愿慈情，同时，也为了怀念太虚大师在汉藏教理院中培养的师生如法尊、观空、正果等几位大德，草就这篇小文心香一瓣，聊表敬忱。

纵观太虚大师一生奉行的人生标的：“阐扬人间佛教，实现人间净土。”这一宏伟而崇高的理想，融化在他的《真现实论》当中。从其个人对佛法的因缘上讲是：“志在整理僧伽制度，行在瑜伽菩萨戒本。”什么叫真现实？他将它归结为四句偈：“仰止唯佛陀，完成在人格，人成佛即成，是名真现实。”① 还谆谆告诫弟子：“如果发愿学佛，先须立志做人，三皈四维淑世，八德十善严身。”他说得再透彻不过了：“把人做好了，就能成佛，把国土净化了，就是净土。”他在中国大地上遍洒慈悲甘雨，奔走呼吁，创立佛学基地，培训弘化僧徒，始终为了实现“人间佛教”这一崇高的理想。直至往生之前，还遗命赵朴初居士继续宣扬“人间佛教”的思想。时至今日，无论在中国大陆、香港、澳门、台湾，乃至南洋新马华人社会，无不受到太虚大师的慈光煦照，无处不在弘传人间佛教的精神。

汉藏教理院的设立，正是太虚大师为了实现人间佛

① 《太虚大师全集》第 32 册，宗教文化出版社，2004 年，第 288 页。

教理想的一个具体步骤，是他创办世界佛学苑的组成部分。[①] 在当时的中国，面临着严重的民族生存的危机：东北三省失控，西南边疆危急，举国上下弥漫着一片忧心如焚的烟云。1930 年 5 月，太虚大师入川，在重庆佛学社宏法，与刘湘（甫澄）晤面，当即建议："不如在四川办一所藏文学院培训汉僧学习藏文，作入藏留学之准备。同时西藏的活佛、喇嘛来川，也有讲习接待之处，沟通汉藏文化，联络汉藏感情，岂不两全其美?"[②] 这一建议被刘湘接受。接着，同年 11 月，刘湘在一次军、政、学界欢迎太虚大师的宴会上，决定由何北衡为汉藏教理院筹备主任，选定重庆缙云寺为院址。1931 年秋，正式开学。从汉藏教理院给刘湘的公函中看出："为沟通汉藏文化，团结汉藏精神，巩固西陲边防，保全中国领土"，是创院的宗旨。[③] 在汉藏教理院报送四川省政府呈文中则更为明确："鉴于康藏地大物博，矿产尤富，英人垂涎，已非一日，侵略计划，无微不至。如因循坐视，势必被其攫取，则西陲藩篱撤而危及内地矣，后患何堪设想?！亟应汉藏团结一致，使英人无隙可乘。第自清末，革除达赖封号以来，迄无宁日，今欲化除隔阂，恢复旧好，联成一气，不为外人所利用，则非从沟通文化入手绝难收效。"[④]

① 世界佛学苑包括南京佛国寺（后改在毗卢寺）为总园，武昌佛学院图书馆、庐山大林寺净土苑、奉化雪窦寺禅林院和重庆缙云山汉藏教理院。

② 转引自释惟贤：《汉藏教理院与太虚大师》。

③ 转引自释惟贤：《汉藏教理院与太虚大师》。

④ 转引自释惟贤：《汉藏教理院与太虚大师》。

太虚大师本人撰《汉藏教理院记》，更是建院树人的根本文件。今转述于后，供世人一读：

汉藏教理院之设缙云山，创始于民十九之秋。先是，予弘化欧美，曾有世界佛学苑之发起，于教理研究拟分汉藏、华日、华梵、华欧四院。是秋，入川礼普贤，刘公甫澄治渝州军次，高瞩康藏政俗，胥依佛教，方有选汉僧赴藏参学之议。予语以不如就川设学，招汉藏青年授以汉藏佛教为便。公韪之。蓉垣刘自乾公亦分任倡导，复得渝蓉诸大心居士协力期成。适缙云以僧垂绝，由二十一军拨为院址，属予遥为之制。遂系于世苑，名汉藏教理院焉。旋命职从事修缮，迨民二一秋，成立开学。比年以有西藏学者法尊等主其事，渐能贯彻初旨，虽历经支绌，而增进有加者，盖皆院董院护诸公护持之力。世传此山狮子峰顶，曾留迦叶佛趺坐之迹，故题迦叶道场。释应持初建寺于刘宋景平元年，距今千五百载有奇，中更盛衰非一。兹院宇遗制，则清初被毁于张献忠后，破空禅师之所重建者也。追念前德，缅怀来哲，冀教于斯学于斯者，近融汉藏，远绍释迦，不唐捐此因缘时节，乃撮记其颠末如是。

中华民国二十七年一月二十日，四洲弘教沙门释太虚撰。①

汉藏教理院既是太虚大师在国难当头时的救国谋划，又是培养沟通汉藏佛学人材的摇篮，受到官绅商学各界

① 《太虚大师全集》(原平装本，第61册，第1640页)精装本第31册。

的支持，从组织结构的阵容来看也是堂堂正正，十分威严。院长为太虚大师。名誉院长刘湘时正任四川省主席兼二十一军军长，综揽军政号令蜀中。护院为何北衡，何当时任川江航务管理处处长兼重庆市公安局长。名誉董事长刘文辉当时任西康建省委员会委员长兼二十四军军长，驻防川省藏族地区，威镇康藏。另有潘文华、王缵绪、王旭东、夏斗寅等军政巨擘担任院董。

教授阵容及开设课程也是十分整齐。一时佛学界优秀师资均在汉藏教理院设帐。法尊法师由太虚大师函召自西藏归来，即在1932年8月起担任代理院长，主管教学，总揽院务。法舫：小乘俱舍论；印顺：般若空宗；雪松：因明、唯识；尘空：律学；本光：禅学；雨昆：史学；法尊：藏文及西藏佛学；观空：藏文及格鲁派中观学；虞愚：文学；陈健民：文学。上列著名教授，各擅所长，杏坛弦歌，传为佳话。此外还延请学界名流马寅初、老舍、梁漱溟、喜饶嘉错、悦西格西、桑吉格西、安东活佛及郭沫若等先后到院演讲，学术风气极为活跃。

因而，汉藏教理院从1932年开办到1950年夏结束，前后18年间，培养出来的人才，实在值得赞扬。据惟贤法师回忆，前后招生约450多人，毕业生（包括普通科和专修科）130多人。其中，不少优秀者留院任教，或选送西藏、印度深造。其中有释永晖、粹昌仙、释慧明、释心月、喻耀成、释海印、释海安、邓明渊、释印法、释昌厚、释正果、释开一、释满月、释碧松、释续先、释寂静、释慧海、释同杰、释白慧、释圣芳、释演观、释融海、释原声、释演密、释永灯、释善化、释寂禅、释素道、释映月、释竺霞、释圆光、释演培、释光宗、吴英杰、释澄静、释洪禅、樊吉文、释圆真。这是很不完全的名单，其中正果法师、演培法师已经是名闻海内外的知名高僧。永灯等留在西藏工作，都已成为相当负责的文教干部，为沟通汉藏文化做出极为可观的贡献。

法尊法师长期任教，并兼有繁重的院务领导工作。但是，手披藏典，逐译汉文，著译等身，嘉惠士林，成为一代宗师。宗喀巴大师的《菩提道次第广论》和《密宗道次第广论》以及《入中论》《辨了不了义论》《现观庄严论》等均为尊公译笔，至今传世，成为习学藏传佛教之要典。汉藏教理院首次初版这批藏典汉译本。与此同时，还出版了法尊法师编写的《西藏民族政教史》《现代西藏》《藏文文法》《藏文读本》等。最值得一提的是，尊公在汉藏教理院时，即着手翻译《大毗婆沙论》为藏文，积稿盈尺。因藏文大藏经中正缺此论，尊公为之补全。1954 年全会期间，持稿供养达赖喇嘛，传为佳话。① 贡噶上师对尊公十分敬重，尊称为 lo tsva ba chen po（大译师），想此稿仍在达赖喇嘛处也。

综上所述，太虚大师手创汉藏教理院厥功至伟，其本人对教理院亦甚为喜爱，曾有诗“壬申秋 · 缙云山汉藏教理院开学”，诗曰：

温泉辟幽径，斜上缙云山，
岩石喧飞瀑，松杉展笑颜。
汉经融藏典，教理叩禅关，

① 此事在 1954 年全国人民代表大会开会期间举行，相信译稿仍在某处收藏。

佛地无余障，人天任往还。
九峰开佛刹，双柏闷灵宫，
蟒塔传殊古，狮峰势独雄。
海螺飞翠霭，莲髻耸晴空，
无尽江山胜，都归一览中。①

诗中将缙云山的九峰耸翠、林木清幽、狮峰雄劲、塔影孤悬的景色，与创立于此的汉藏教理院交织辉映，增添无限生机，点明了汉藏文化同出一源。文字虽异，教理一家，正是千江映月，同是一月，十分和谐。大师的坦荡怀抱，诗情画意，一览无余。

民国二十八年（1939），汉藏教理院师生为庆贺大师五十寿诞，在缙云山狮峰建一石台，名为“太虚台”，法尊法师写了一则《太虚台记》，文曰：

民国二十八年二月六日，即夏历戊寅年腊月十八日，为尊等亲教太虚大师五秩诞辰。念二十年来，备受甄陶，深思就本院有以纪念之。商之同门法舫、圣观、又信等，爰议建石台于狮峰，即以大师之德号名之。于是策杖登峰，勘地绘图，斫榛焚茅，鸠工凿石，不期月而台成。登台四顾，游目骋怀，嘉陵之胜，缙云之景，一览无余矣。深觉我大师文章道德，与兹峰兹台同永。绝壑愔愔，幽林蔚蔚，深远茂密，大师之清净相也。松竹清风，郁郁菁菁，冷然成韵，大师之微妙音也。一花一草，一泉一石，动容悲愿，大师之普贤行也。贞固干教，隐括矫

① 《太虚大师全集》第32册，诗存，第163—164页。

时，剑无其利，镜无其朗，高踞毗卢之顶，握法王之正印，惟大师屹然当之。有时振威一吼，魔外慴伏，圆音才演，四众向化，诚不可得而思议也。夫后之来者，登斯峰必登斯台，高瞻远瞩，旷观千古，当有以知大师之志行而向往之者。告竣之日，勉书数语，用彰胜德云尔。

民国二十八年春，法尊谨识于汉藏教理院。①

自从太虚大师往生，已50多年过去，白云苍狗，幻化日多，就国家、民族及汉藏关系而言均有极大变迁。但大师的高瞻远瞩、谆谆教诲，至今仍是学人的圭臬，汉藏教理院的光辉业绩，将受到人们永远的忆念。

1989年12月

（原载《藏学零墨》，高雄：佛光出版社，1992年。）

① 原载《缙云山志》，又见释惟贤《汉藏教理院与太虚大师》。

藏学大家小书

帝师八思巴传	陈庆英 著
汉藏文化考述	王尧 著
藏传佛教丛谈	王尧 著
川康牧区行(汉、藏文)	[意]南卡诺布 著 陈践 译
敦煌古藏文语词汇释	陈践 著
藏传佛教面面观	吴均 著
西藏的寺与僧(1940 年代)	柳陞祺 著
拉萨旧事	柳陞祺 著
民国川边游踪之《泸定考察记》	任乃强 著
民国川边游踪之《天芦宝札记》	任乃强 著
民国川边游踪之《西康札记》	任乃强 著

图书在版编目(CIP)数据

汉藏文化考述/王尧著．－2版．－－北京：中国藏学出版社，2024.8．－－ISBN 978－7－5211－0544－5

Ⅰ．K281.1－53；K281.4－53

中国国家版本馆CIP数据核字第20243U9V81号

汉藏文化考述

王尧 著

选题策划 季垣垣 文群
责任编辑 永红 丹珍央金
封面设计 翟跃飞
出版发行 中国藏学出版社
印　　刷 北京隆昌伟业印刷有限公司
版　　次 2024年9月第2版第1次印刷
开　　本 850×1168毫米 1/32
印　　张 8.5
印　　数 3000册
字　　数 183千字
书　　号 ISBN 978－7－5211－0544－5
定　　价 75.00元

图书若有印装质量问题，请与本社发行部联系
E-mail：dfhw64892902@126.com　电话：010－64892902

扫码购书

ISBN 978-7-5211-0544-5

9 787521 105445 >

定价：75.00元